Links: Die Kreideküste bei Dover (locus ad egrediendum nequaquam idoneus, BG IV 23,4)

Oben: Der Ort der Landung in Britannien („bis das Teilufer sich senkt, um in einen flachen, für eine Landung geeignet scheinenden Strand überzugehen", vgl. S. 48)

AUXILIA

Unterrichtshilfen für den Lateinlehrer

Friedrich Maier

Caesar im Unterricht

Unterrichtsprojekte · Hilfsmittel
Textinterpretationen

C. C. Buchners Verlag · Bamberg

AUXILIA
Unterrichtshilfen für den Lateinlehrer
Herausgegeben von Dr. Friedrich Maier

Der Band „Caesar im Unterricht" wurde zusammengestellt und redigiert von Dr. Friedrich Maier, München, und enthält Beiträge von Adolf Clasen, Lübeck, Wilhelm Hundsrucker, Saldenburg, Dr. Hermann Keulen, Hilden, Gerhard Meißner, Berlin, Wilfried Olbrich, München, Dr. Werner Rinner, Graz, und Dr. Wolfgang Zeitler, München.

Die Abbildungen auf dem vorderen Vorsatzblatt fotografierte Adolf Clasen, Lübeck.

Die Arbeitsblätter auf dem hinteren Vorsatzblatt schuf Wilhelm Hundsrucker, Saldenburg.

Abbildungen: Archiv für Kunst und Geschichte Berlin (1), Bildarchiv Preußischer Kulturbesitz Berlin (1), Ullstein Bilderdienst Berlin (3), E. Löwit, München (1).

ISBN 3 7661 **5407** 2
1. Auflage 1 3 2 1 1987 85 83
Die letzte Zahl bedeutet das Jahr dieses Druckes.

Gesamtherstellung:
Graph. Großbetrieb Friedrich Pustet, Regensburg

Hans Schober
zum 60. Geburtstag

Einführung

Caesar war in den letzten Jahren als Schulautor umstritten; man zweifelte vor allem seine Eignung zur Mittelstufen-Lektüre oder gar zur Anfangslektüre an. Die Reform der Lehrpläne, die sich in den Jahren 1970–1980 in allen Fächern des Gymnasiums an Haupt und Gliedern vollzog, hatte Anlaß gegeben, über die Zielsetzungen des Faches Latein im ganzen und über seine Gegenstände im einzelnen, also auch über den Caesar-Text, vertieft nachzudenken. Die einen, die „Caesar-Gegner", meinten, die an diesem Autor möglichen Unterrichtsziele seien weder fachlich bedeutsam noch dem jungen Menschen gemäß, die anderen, die „Caesar-Befürworter", sahen gerade in Caesar eine der überzeugendsten Möglichkeiten, lateinischen Lektüreunterricht sinnvoll zu betreiben und dadurch im Kanon der Gymnasialfächer zu legitimieren. Die Linie der Konfrontation verlief quer durch Fachwissenschaft und Fachdidaktik.
Mittlerweile, nachdem die Lehrplan-Reform nahezu in allen Bundesländern abgeschlossen worden ist, haben sich die Wogen der Erregung weithin geglättet. Caesar hat seine Stellung behauptet. Allerdings haben die Angriffe auf diesen Autor – zweifellos ein Verdienst der „Caesar-Gegner" – den Blick für die Schwierigkeiten gerade dieser Schullektüre geschärft. Man sucht allerorts nach neuen Wegen, auf denen einerseits Caesars Bellum Gallicum besser als zuvor den Schülern präsentiert, andererseits zugleich die Stundenkürzung, die Latein in der Mittelstufe schmerzlich getroffen hat, einigermaßen verkraftet werden kann.
Auch die Beiträge dieses Bandes wollen dazu Anregung und Hilfestellung geben. Zunächst wird der didaktische Wert der Caesar-Lektüre für Schüler der Mittelstufe (SI) untersucht. Anschließend werden für Kernpartien des Werkes Lektürevorschläge gemacht. Am Ende stehen Darstellungen zum Medieneinsatz in der Caesar-Lektüre und eine Kurzbibliographie der Sekundärliteratur (mit Fundstellenverzeichnis).

Friedrich Maier

Caesar und die Schüler heute
Das Bellum Gallicum im Zentrum der Mittelstufen-Lektüre

THOMAS WOLFE schreibt in seinem Roman „Schau heimwärts, Engel“[1], auf den lateinischen Lektüreunterricht seiner Schulzeit zurückblickend:

„Eugen verbrachte seine nächsten vier Lebensjahre in Leonhards Schule . . .“
„Was Leonhard selbst ihm gab, war sehr wenig: – ein trockner Kriegszug durch die Riesenwüsten lateinischer Prosa – zuerst eine ruppige, steifgerittne Attakke auf die Grammatik, die ihn unnötigerweise furchtsam machte und bestürzte, ihn auf Jahre hinaus in absurde Vorurteile gegen die Gesetze der Sprachform trieb und ihm eine ungesunde Abneigung gegen die Syntax eingab – dann ein Jahr lang die karge, knappe Genauigkeit des Caesar, die großartige Struktur und Schärfe seines Stils, die Sicherheit seines Satzbaus, ein Studium, das das dumpfe Einteilen in Tagespensen, das mickrige Zerlegen der Sätze in Bestandteile, das rohe Klischee pedantischer Übersetzerei tödlich machte. Die herrlich-dunkle Lebendigkeit des ‚Gallischen Kriegs‘, die ein großer Lehrer mit ein paar Zügen in den Bericht des großen Realisten hätte bringen können . . ., sie fehlte. Statt dessen gab es methodische Routine und Gedächtnisarbeit: – Cogitata, Neutrum Pluralis des Partizips als Substantiv verwandt. *Quo* statt *ut* zur Anzeigung der Absicht gebraucht, wenn Komparativ folgt.“

Diese Äußerung des ehemaligen Lateinschülers über Caesar ist ziemlich negativ. Sie mag für viele ähnliche außerfachliche Aussagen über den gerade im 20. Jahrhundert zum Zentralschriftsteller avancierten Caesar stehen: „mickriges Zerlegen der Sätze in Bestandteile, das rohe Klischee pedantischer Übersetzerei, methodische Routine, Gedächtnisarbeit“ – der Caesar-Text also als Exerzierfeld für grammatischen, formalistischen Sprachdrill – ein Vorwurf, der in den 60er/70er Jahren von vielen Seiten erhoben wurde und zu einem mehr oder

---

1 RoRoRo 1958, 170. Dieses Dokument der Rezeption verdanke ich DR. FRANZ-JOSEF WAIBLINGER, München.

weniger deutlich ausgedrückten Verdammungsurteil gegenüber diesem Autor in der Öffentlichkeit führte. Von dieser Wirkung beeindruckt, haben nicht unbedeutende Vertreter des Lateinischen an Universität und Schule gegen Caesar schlechthin Stellung bezogen und ihn als Schulautor für untauglich oder durch bessere ersetzbar erklärt. WALTHER F. LUDWIG polemisierte bereits 1967 gegen diesen Autor, freilich fürchtend, „heiligste Güter anzugreifen“, wenn er mit der Meinung herausrücke, „die Schule könne auch ohne Caesars Bellum Gallicum auskommen“.[2] MANFRED FUHRMANN, ein erklärter Caesar-Gegner, setzt, nicht unabhängig von LUDWIG, zu einer scharfen Invektive gegen diesen Autor Caesar und seine Befürworter an, indem er ihn unter fachlichen wie pädagogischen Gesichtspunkten als für die Schule untauglich disqualifiziert und in seiner Lektüre sogar ideologische Gründe wirksam sieht.[3]

Die Reaktion auf seiten der Schule ist bekanntlich nicht ausgeblieben. Man hat Terenz als den besseren, weil humaneren Autor an Caesars Stelle zu setzen versucht oder man glaubte, das „Licht aus den Attischen Nächten“ des Gellius strahle für unsere heutigen Schüler heller als die schmucklose Berichterstattung eines ehrgeizigen Feldherrn. Erasmus, eine adaptierte Cicero-Rede, Textsammlungen (wie „Ohrfeigen gegen Barzahlung“) wurden als Ersatz für Caesar angeboten.[4]

Man hat diese Kritik am bisherigen Zentralautor der Mittelstufe ernst genommen; die Caesar-Befürworter dachten über die Chancen dieser Lektüre nach, wobei sie auf Pauschalurteile verzichteten, in ihrer Einstellung zu Caesar differenzierter vorgingen. Sie unterschieden den Gegenstand von der Methode. THOMAS WOLFE spricht ja bewundernd von der „kargen,

---

2 Die lateinischen Schulautoren. In: MDAV 1 (1968) 1ff., bes. 7f.

3 Cäsar oder Erasmus? Überlegungen zur lateinischen Lektüre am Gymnasium. In: Gymnasium 81 (1974), 394ff.

4 Eine Beurteilung dieser Möglichkeiten eines Caesar-Ersatzes habe ich versucht in: Auch Caesar ein Schriftsteller der Anfangslektüre. Zu den Problemen des lateinischen Lektürebeginns. In: NEUKAM, P. (Hrsg.): Erbe, das nicht veraltet. Klassische Sprachen und Literaturen, Bd. XI. – München 1979, 142ff.

knappen Genauigkeit des Caesar, von der großartigen Struktur und Schärfe seines Stils, der Sicherheit seines Satzbaus", von „der herrlich-dunklen Lebendigkeit des Gallischen Kriegs", die „ein großer Lehrer mit ein paar Zügen in den Bericht des großen Realisten hätte bringen können". Dieser Leser WOLFE läßt den Caesar-Text als bedeutsam gelten, er verurteilt nur die Art seiner schulischen Präsentation. Und eben darin sah man eine Möglichkeit, dem Autor in der Schule, auch in der Mittelstufe, seine Stellung zu erhalten. Allen, die mit der Methode nicht die Sache aufzugeben bereit waren, ob Universitätslehrer (wie LATACZ, RICHTER, GÖRLER, TSCHIEDEL, DOBLHOFER, CLASSEN) oder Schuldidaktiker (wie BAYER, CLASEN, GLÜCKLICH, MUNDING, VRETSKA)[5], ging es in ihren in den 70iger Jahren geschriebenen Beiträgen zur Caesar-Lektüre um methodische Vorschläge, wie man den Autor mit den Schülern heute sachgemäß und doch anregend behandeln kann.
Warum paßt Caesar für Schüler unserer heutigen Zeit? Warum im Lektüreunterricht auch der Mittelstufe? Diese Fragen lassen sich plausibel nur beantworten, wenn alle im Entscheidungsfeld der Schule wirksamen Kräfte berücksichtigt werden.

1. Das ‚Didaktische Dreieck' als Entscheidungshilfe[6]

Der Akt der Planung, der geistigen und materiellen Vorbereitung auf den Unterricht, den man die „vorunterrichtliche didaktische Reflexion" nennt, ist auf viele Faktoren gerichtet, die im Unterrichtsgeschehen zusammenwirken. Sie liefern die Kriterien für alle didaktischen und methodischen Überlegungen. Die Vielfalt der Kriterien wird dabei in drei Kriterienbereiche zusammengefaßt, die man auch die „drei Determinan-

5 S. dazu die Literaturzusammenstellung von GERHARD MEISSNER, in diesem Band 141ff.
6 Genauer dazu in: Lateinunterricht zwischen Tradition und Fortschritt, Bd. 1. – Bamberg 1979, 20ff.

ten“ des Unterrichts nennt. Diese drei Determinanten, die – wie Kraftkomponenten – in einer engen Wechselbeziehung zueinanderstehen, markieren das Feld, in dem – auch schon im Vorbereich des Unterrichts – alle didaktischen Entscheidungen getroffen werden. Dieses Kraftfeld heißt allgemein: „Didaktisches Dreieck“. Es läßt sich in einem groben Schema folgendermaßen darstellen:

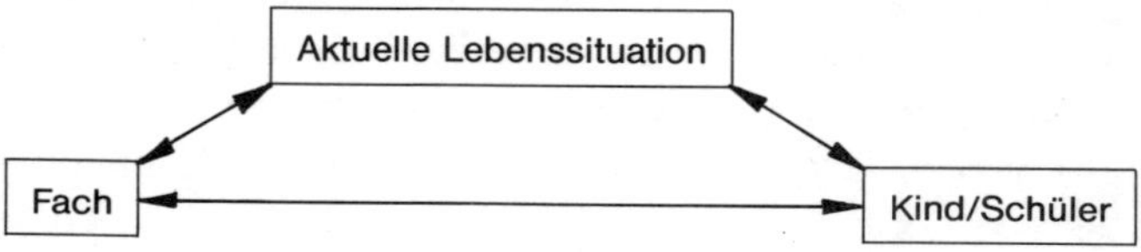

Diese drei Determinanten seien im folgenden kurz beschrieben:

1.1 Aktuelle Lebenssituation

Die aktuelle Lebenssituation gibt die Lernziele vor: diese sind anzusetzen in der Schule, dem Studium, dem Beruf, der Gesellschaft und dem individuellen Leben des Menschen. Schule ist hier ausdrücklich mitberücksichtigt, weil eben auch diese ein längerer Bereich der aktuellen Lebenssituation des Menschen ist. Ein Fach muß übergreifende Angebote machen, anderen Fächern materiale und formale Bildungselemente liefern; es muß aber auch für sich selbst Vorarbeit für die höheren Klassenstufen leisten. Es gilt in diesem Kriterienbereich demnach, für jedes Fach zu prüfen, welche Kenntnisse und Fähigkeiten der junge Mensch benötigt, damit er zukünftige schulische, berufliche und auch andere gesellschaftliche Anforderungen erfolgreich bewältigen kann. Als Beurteilungskriterien für die Leistungsfähigkeit eines Schulfaches scheinen uns diejenigen nachwievor am plausibelsten und stichhaltigsten, welche Saul B. Robinsohn, der Archeget der deutschen Curriculumforschung, aufgestellt hat. Sie lauten:

1. „Die Bedeutung eines Gegenstandes im Gefüge der Wissenschaft, damit auch als Voraussetzung für weiteres Studium und weitere Ausbildung;
2. Die Leistung eines Gegenstandes für Weltverstehen, d. h. für die Orientierung innerhalb einer Kultur und für die Interpretation ihrer Phänomene.
3. Die Funktion eines Gegenstandes in spezifischen Verwendungssituationen des privaten und öffentlichen Lebens."

1.2 **Fach**

Das Fach liefert das Lernmaterial und Bildungspotential, dazu die Methoden zur Erschließung der Gegenstände. Aus ihm lassen sich die primären Auswahlprinzipien ableiten, so daß das Stoffangebot am allerersten davon bestimmt ist, was die Fachwissenschaftler vorlegen. Es gilt von dieser Seite her zu prüfen, ob eine getroffene Auswahl (aus der Literatur, aus dem Gesamtwerk eines Autors, aus einem Werk eines Autors) nicht vereinseitigend, verzerrend wirkt, ob die dem Fach von außen vorgegebenen (man könnte fast sagen: zugemuteten) Ziele dem Wesen des Faches gemäß sind. Von diesen fachlichen Prinzipien aus sind alle didaktischen Fragen (etwa Autorenlektüre, thematische Lektüre, Übersetzungslektüre, kursorische/statarische Lektüre; Vergleich, Übersetzungsmethoden, Interpretationsformen u. ä.) anzugehen. Die fachliche Ausbildung ist für jeden Lehrer hier die Grundlage, auf der er seine Entscheidungen trifft; er wird dabei ständig, soweit möglich, die Erkenntnisse der fachwissenschaftlichen Forschung berücksichtigen; es ist auch geboten, daß der Fachwissenschaftler selbst sein Urteil in unterrichtsdidaktische Prozesse mit einbringt.

1.3 Kind/Schüler

Aus der Situation des Kindes, des Schülers, ergeben sich Kriterien, die weitgehend entwicklungspsychologisch ausgerichtet sind; von daher werden die Kategorien gewonnen, welche die Vermittlung des Stoffes in jedem Fach bestimmen. Man spricht von „Stoffvermittlungskategorien". Zu prüfen ist hier, ob die didaktische Struktur eines Stoffes, also seine unterrichtliche Aufbereitung, dem geistigen und seelischen Entwicklungsstand des Schülers angemessen, ob seine Vermittlung auf dem richtigen Anspruchsniveau angesetzt ist. Die Ebene der Stoffvermittlung wird von diesen Kategorien weitgehend festgelegt. Da die moderne Entwicklungspsychologie die Persönlichkeitsentwicklung des Menschen nicht nur im Hinblick auf die Bedeutung der Faktoren Anlage und Reifung, sondern auch in Bezug auf die Bedeutung der Faktoren Umwelt und Erziehung analysiert, ist bei unterrichtsdidaktischen Überlegungen nicht bloß der vom Alter bestimmte Reifegrad zu berücksichtigen, sondern auch zu bedenken, welche umweltbedingten Erfahrungen beim Schüler vorliegen, welches Eingangskönnen (verfügbare geistige Operationen, Übung u. ä.) er hat. Dieser „sachstrukturelle Entwicklungsstand" (H. HECKHAUSEN), der Wissen, Aufgeschlossenheit, operatives Denken erfaßt, bestimmt jede Lernsituation und ist bei der Wahl von Gegenständen und Methoden zu berücksichtigen. Dazu kommt die Lern- und Leistungsmotivation, die mit dem kognitiven Entwicklungsniveau stark korreliert, ja durch dieses, wie HECKHAUSEN nachwies, determiniert wird. Was will, was kann, was soll der Schüler aufgrund seiner Reife, seiner Erfahrung, seiner geistigen Vorbildung leisten? Dazu muß auch die Entfaltung des zur Leistung geforderten jungen Menschen in einer sich allmählich um ihn formierenden Gemeinschaft, also in der Gruppe, in den Blick genommen werden. Der Lehrer bedarf hier zu allem nicht nur einer theoretisch-pädagogischen Ausbildung und Fortbildung (in Lerntheorie,

Entwicklungspsychologie, Motivationstheorie, Unterrichtssoziologie u. ä.), sondern auch eines aus eigener Erfahrung gewonnenen pädagogischen Augenmaßes.

1.4 Korrelation der Kriterienbereiche

Es ist ohne Zweifel erkennbar, daß diese Kriterienbereiche nicht voneinander isolierbar sind, daß aber auch keiner verabsolutiert werden darf. Sie stehen in engster Korrelation und bedingen und begrenzen sich wechselseitig. Die beschriebenen Kriterienbereiche sind sozusagen drei Kraftzentren, die zueinander in Spannung stehen. Im didaktischen Entscheidungsprozeß erfolgt der Ausgleich von drei Forderungen:

Ein Lerngegenstand muß
- einem oder mehreren Lernzielen dienen,
- den fachlichen Prinzipien genügen,
- gemäß den Stoffvermittlungskategorien strukturiert werden.

Die Lernziele liefern gewissermaßen den Plafond für die jeweilige Ebene der Stoffvermittlung, sie geben die Richtung des Unterrichts an; das Niveau der Stoffvermittlung, das jeweils auf den Kategorien des kognitiven Entwicklungsstandes und der Leistungsmotivation einer Jahrgangsstufe ausgerichtet ist, stellt sozusagen einen Filter für die Ziele dar, die man aus den genannten Situationsfeldern gewonnen hat; nach Maßgabe dieses Niveaus werden die Ziele ausgewählt; es ist also eine enge Korrelation: Lernziele – Stoffvermittlungskategorien feststellbar. Die Lernziele sind außerdem richtungsweisend für die Auswahl des Stoffes: nicht jeder fachwissenschaftlich als wichtig erkannter Stoff ist einem Lernziel dienlich (z. B. Konjekturalkritik); andererseits aber engen die fachlichen Prinzipien den Zielbereich ein: nicht jedes Ziel ist vom Fach her „abdeckbar“ (z. B. Schreibmaschinen-Schreiben). Also ist auch eine enge Korrelation zwischen den Lernzielen und den fachlichen Prinzipien feststellbar. Die fachlichen Prinzipien hängen ihrerseits aber wieder vom jeweiligen Kategoriensystem der Stoffvermittlung ab: nicht jeder Text kann etwa in einer 8. Klasse gelesen werden. Sie liefern aber umgekehrt den einzelnen Ebenen der Stoffvermittlung das angemessene Material, mit dem die sogenannten „Operationen“, die den Reifungsprozeß fördern, in Gang gebracht werden: Innerhalb eines als wertvoll anerkannten Textes werden so die wirksamsten Stellen ausgemacht. Also ist auch eine enge Korrelation von fachlichen Prinzipien und Stoffvermittlungskategorien feststellbar.

2. Folgerungen für den altsprachlichen Lektürenunterricht

Die Lernstruktur eines Gegenstandes auf einer bestimmten Jahrgangsstufe ist also festgelegt durch die Lernziele, durch die fachlichen Prinzipien und die Stoffvermittlungskategorien. Ein Lektüretext muß aktuellen Bedürfnissen dienlich, im Fache bedeutsam und dem kognitiven Entwicklungsniveau angemessen sein; er muß auch dem Lern- und Leistungswillen der Schüler entgegenkommen und deren Sozialisationsprozeß fördern. Das Stoffangebot eines Faches unterliegt auch außerfachlich gewichtigen Prüfungskriterien. Die Stoffdarbietung, also das Methodische, ist nicht allein vom Fach her ableitbar, sondern auch von den Zielen und den Vermittlungskategorien her.

2.1 Drei Interpretationsebenen

Im Lektüreunterricht ist die Vermittlungsstruktur des Stoffes die *Übersetzung* und *Interpretation.* Und hier lassen sich nun drei Ebenen der Interpretation unterscheiden.[7] Diese sind auf

7 Darüber ist ausführlich gehandelt in Verf.: Interpretationsebenen im Lektüreunterricht. In: Anregung 20 (1974) 6, 365ff. Überarbeitung in: Lateinunterricht zwischen Tradition und Fortschritt, Bd. 2, 1983.

jeweils verschiedene Phasen des Lektüreunterrichts bezogen, in denen drei „Stufen“ der entwicklungspsychologischen Situation vorliegen:

1. Anfangslektüre (8./9. Klasse-Anfang bei L 1),
2. Lektüre auf der Mittelstufe/S I (9. Klasse-Ende, 10./11. Klasse bei L 1/L 2),
3. Lektüre auf der Oberstufe/S II (12./13. Klasse bei L).

Die damit jeweils korrespondierenden *Interpretationsebenen* sind:

1. sachorientierte Interpretation,
2. problemorientierte Interpretation,
3. modellorientierte Interpretation.

Dies stellt einen Versuch dar, den Lektüreunterricht in Zielsetzung und Leistungsanspruch zu differenzieren. Der Schüler steigt auf über das Erarbeiten der Sache zum Erarbeiten des Problems und dann zur Einsichtnahme in ein oder mehrere unsere Wirklichkeit konstituierende Systeme anhand eines didaktischen Modells. Dabei ist es nötig zu sagen, daß die einzelnen Interpretationsebenen nicht isolierbar sind, sondern daß sie gleitend ineinander übergehen. Es ist auch der Hinweis angebracht, daß diese Ebenen hierarchisch aufgebaut sind: die eine steht auf der anderen: die sachorientierte Interpretation ist die Basis für die problemorientierte; beide sind Konstituenten der modellorientierten Interpretation. Diese gelingt nur dann, wenn vorausgehend die darin umgriffenen sachlichen Einzelheiten geklärt und die Detailprobleme sauber erfaßt sind. Die Höchstform der Interpretation schließt die sich allmählich ausprägenden Vorstufen immer in sich, sie entwickelt sich in jedem Falle – Stunde für Stunde – von neuem über diese Ebenen: Sache – Problem – Modell.

Das bedeutet, daß sachliches, sprachliches und historisches Wissen auf jeder Ebene gefordert ist. Auf der einen Stufe wird unter anderem auch die Vorarbeit für die andere Stufe geleistet. Daraus geht ein weiteres hervor: Ein Autor braucht nicht nur auf einer Stufe gelesen zu werden; er kann durchaus mit anderen Zielen, mit anderem Anspruchsniveau auf verschiedenen Interpretationsebenen angeboten werden. So kann sich etwa die sachorientierte Interpretation darauf konzentrieren, an einer „wissenschaftlich relevanten“ Partie, die Interesse weckt, den Autor als Schriftsteller, als historische Figur, als handelnden Menschen erleben zu lassen, und zwar so, wie er sich eben selbst sieht und darstellt. Dadurch wird das Faktenmaterial, das Realienwissen für eine nachfolgende Stufe bereitet, wo der Autor an einer anderen Stelle etwa kritisch beurteilt wird, – wo seine Darstellung zum Problem wird.

2.2 Kriterien zur Beurteilung von Autoren der Mittelstufe/S I

Die vorausgehende Argumentation ermöglicht es nun, Kriterien zur Beurteilung von Autoren aufzustellen, die in der Mittelstufe/S I behandelt werden sollen; sie werden sich im wesentlichen auf folgende fünf Punkte konzentrieren;[8]

1. Die Texte müssen bedeutende Gegenstände des Faches sein, so daß sich eine Originallektüre lohnt.
2. Die Texte müssen von den Schülern sprachlich bewältigt werden können und inhaltlich ihrer Altersstufe und ihren Interessen angemessen sein.
3. Die Texte müssen in sprachlicher und inhaltlicher Hinsicht zu den Anforderungen der Jahrgangsstufe 11 und der Oberstufe hinführen (also Prosa- und Dichtungstexte).
4. Die für die Lektüre ausgewählten Autoren sollen als Persönlichkeiten der Geschichte, des Kultur- und Geisteslebens Gestalt gewinnen. Dabei spielt der Gesichtspunkt der Wirkung auf spätere geistige und kulturelle Entwicklungen wie auch der Wirkung auf den Schüler eine wichtige Rolle.
5. Probleme, die bei der Lektüre thematisiert werden, sollen bei den Schülern die Bereitschaft zu vertiefter Auseinandersetzung wecken.

---

8 Diese Kriterien wurden so von einem Arbeitskreis Latein am Staatsinstitut für Schulpädagogik München entwickelt. Differenziertere Kriterien sind beschrieben von Glücklich, H.-J.: Lateinunterricht. – Göttingen 1978, 147ff.

3. Welche Aufgaben erfüllt die Caesar-Lektüre auf der Mittelstufe?

Nachfolgend sind zunächst die wichtigsten Argumente der Caesar-Kritiker thesenartig zusammengestellt:[9]

1. Caesar ist sprachlich schwierig; die Analyse seiner Sätze verlangt geistige Anstrengung und Konzentration; sie kann die Schüler überfordern.
2. Caesars Schrift bietet eine immer gleichförmige Szenerie und ist deshalb uninteressant und langweilig.
3. Caesars Werk ist militaristisch ausgerichtet, demnach „inhuman"; es läßt keine Identifikation des Schülers mit den dargestellten Gestalten zu. Es zeigt römisches Denken in einer vereinseitigenden Weise.
4. Die Wertschätzung Caesars läßt eine unzeitgemäße Überbetonung des geschichtlich Großen erkennen und offenbart eine ungebührliche Hervorhebung der national-römischen Idee.

Die Argumente der Caesar-Kritiker sollen nun kritisch beurteilt und, wo möglich, widerlegt werden.

3.1 Die sprachliche Schwierigkeit ist eine didaktische Notwendigkeit

Wir haben gesehen, daß die Leistungsfähigkeit der Schüler abhängig ist vom erreichten „kognitiven Entwicklungsniveau"; dieses ist seinerseits wieder abhängig vom sogenannten Ein-

---

9 Caesar-Kritiker sind vor allem:
Ludwig, W. F.: Die lateinischen Schulautoren. In: Mitteilungsblatt des Deutschen Altphilologenverbandes 11 (1968), 1, 1ff., bes. 7f.
Fuhrmann, M.: Cäsar oder Erasmus? S. Anm. 3.
Happ, E.: Terenz statt Caesar als Anfangslektüre. In: Hörmann, F. (Hrsg.): Probata – Probanda, Klassische Sprachen und Literaturen. Bd. VII. – München 1974, 168ff.
Fink, G.: Ex noctibus Atticis lux? In: Anregung 20 (1974) 4, 268–270.
Wülfing, P.: Lateinische Anfangslektüre im heutigen Schulunterricht. In: Studienseminarbericht aus dem IPTS 17, Verlag Schmidt & Klaunig, 23 Kiel, Ringstr. 19–21, 1974, 103ff. und Lateinische Anfangslektüre. In: Fachdidaktisches Studium in der Lehrerbildung. Alte Sprachen 2 (hrsg. von Gruber, J./Maier, F.). – München 1982, 54ff.

gangskönnen, von den „verfügbaren Operationen". Wenn die Lehrbücher auch, aber nicht allein auf Caesar (seine Sprache: Wortschatz, Syntax, Periodisierung) abgestellt sind, dann kann es nicht zu einer „Krise des Übergangs" (P. WÜLFING) kommen: Caesar ist dann für die Schüler der 9./10. Klasse nicht zu schwierig. Ferner gilt es zu berücksichtigen, daß auf jeder Stufe Qualifikationen für die nächstfolgende innerhalb des Aufbaus eines Faches zu vermitteln sind. Welche Lektüre bereitet besser die Übersetzungsfähigkeit vor für die nachfolgenden Autoren (wie Sallust, Livius, Cicero in der 10./11. Klasse) als eben die des Bellum Gallicum?[10] Das Argument, Caesar-Lektüre erfordere geistige Anstrengung und Konzentration, ist aus didaktischer Sicht nicht stichhaltig; es widerlegt sich selbst. Wenn es zu den Zielen des Lateinunterrichts gehört, jene „Operationen" zu erzeugen, zu aktivieren, die den geistigen Reifeprozeß individuell fördern, dann ist die Übersetzungsschwierigkeit geradezu das Mittel zur Erreichung dieses Zieles. Abgesehen davon, daß in der Caesar-Lektüre der Mittelstufe auf die vorteilhafteste Weise Grammatikkenntnisse gesichert und Übersetzungsfähigkeit für die nachfolgenden Autoren, wie bereits angedeutet wurde, geschult und schrittweise aufgebaut werden können, ist die Fähigkeit zu geistiger Anstrengung und Konzentration, die beim Übersetzen und Verstehen von schwierigen Texten (also Texten mit einem elaborated code) gefordert und gefördert wird, ein fachübergreifendes Ziel schlechthin. „Die erschreckende Hilflosigkeit der heutigen Studentengeneration gegenüber fachsprachlichen Texten aller Art ist zweifellos nicht zuletzt auf die Zurückdrängung des Latein und der in diesem Fach geübten Geistestätigkeiten, vor allem des Übersetzens, zurückzuführen."[11]

---

10 Siehe dazu ZEITLER, W.: Der Germanenexkurs im 6. Buch. In diesem Band 87ff.

11 So der Anglist PROF. E. WOLFF, Erlangen, in einem Referat vor Lateinlehrern. Das Thema dieses Referats lautet: „Latein als erste Fremdsprache am Gymnasium". Er bezeichnet darin auch Latein als „ideales Übungsfeld für das Einüben des sprachpädagogischen Elementarvorganges" . . ., „den wir als ‚Übersetzen' im weitesten Sinne des Wortes bezeichnen"; veröffentlicht in: Die Alten Sprachen im Unterricht XXII (1975) 1, 2ff.

Das Problem ist hier allerdings, wie die Schüler, die durch einen bei L2 auf das Existenzminimum zurückgedrängten Sprachunterricht nur notdürftig ausreichende Sprachkenntnisse aufweisen, so gefordert und gefördert werden können, daß eine Überforderung vermieden wird – ein Problem, das alle vor schwierige didaktische Aufgaben der Zukunft stellt.

3.2 Das Wecken des Schülerinteresses ist primär Sache des Lehrers, nicht so sehr des Lerngegenstandes

Daß das historische Panorama, das Caesar vorführt, gleichförmig ist, wenig Abwechslung dem oberflächlichen Betrachter bietet, ist zweifellos richtig. Doch kann diesem Negativum entgegengewirkt werden: durch den Lehrer. Ihm obliegt es, die richtigen Stellen auszuwählen, immer abwechslungsreiche Interpretationsaspekte hervorzuheben, auch die richtige zeitliche Dauer der Caesar-Lektüre festzusetzen. Dafür steht ihm der fachwissenschaftliche und fachdidaktische Rat in Form von Veröffentlichungen zur Verfügung. Methodenvariation ist didaktisches Gebot; die Mediothek kann hier mit Karten, Illustrationen, Overheadfolien, archäologischen Gegenständen u. a. hilfreich zur Seite stehen.[12] Vor allem kommt es darauf an, mit offenen Augen zu lesen. Welche Fülle an Wissenswertem, Interessantem in Caesars Werk steckt – auch und gerade für die Schüler in der Anfangslektüre – beweist etwa K. Bayers Veröffentlichung: *„Caesar, mit den Augen einer 9. Klasse betrachtet“*.[13] Jeder Schüler hat hier einen anderen Gesichtspunkt als für ihn bedeutsam herausgestellt. Der Schüler wartet ja geradezu darauf, daß ihm Gelegenheit gegeben wird, seine Fertigkeiten in den Dienst des Unterrichts zu stellen, etwa sein technisches Geschick zum Nachbau der Rheinbrücke im Modell oder

---

12 Siehe dazu den Beitrag von Hundsrucker, W. in diesem Band 117ff.

13 Unveränderte Beiträge aller Schüler der Klasse 9b des Wittelsbacher-Gymnasiums München – März 1972 (vergriffen).

seine oft erstaunliche Zeichenkunst, um z. B. im Asterix-Stil einzelne Szenen witzig und humorvoll auszugestalten.[14]
Und schlagen wir es nicht als zu gering an, daß auch im sprachlichen Raffinement des Autors etwas zu spüren ist, was den Schülern Interesse abfordert; abgesehen davon, daß Lektüreunterricht die Betrachtung der Einheit von Sprache und Inhalt sowieso immer erfordert.
Das Argument der Langeweile ist also sehr subjektiv; jeder Unterricht lebt vom Temperament und Ideenreichtum des Lehrers. Die Terenz- und Erasmus-Lektüre können langweilig sein ebenso wie die Caesar-Lektüre, alle können aber auch fesselnd sein, wenn sich der Lehrer entsprechend einsetzt.

3.3 Beides: Identifikation und Distanz sind Ziele des Lektüreunterrichts

Caesars Werk ist eine militärische Schrift, sie läßt beim jungen Menschen nur schwerlich Identifikation mit den geschilderten Gestalten und ein inneres Miterleben der historischen Vorgänge zu. Es ist jedoch zu fragen, ob Identifikation das alleinige Ziel des lateinischen Lektüreunterrichts darstellt. Sicherlich muß gerade auf der Mittelstufe, am Anfang der Lektüre, daran gelegen sein, dem Schüler möglichst viele literarische Situationen erfahren zu lassen, in denen er inneren Gleichklang, Zustimmung zu dem Gesagten spürt, sein eigenes Ich im Reden und Tun des anderen fühlt, etwa: beim Erleben der unglücklichen Lage des jungen Mannes, der gegen seinen Willen mit einem Mädchen verheiratet wird, das er nicht liebt (so bei Happ, Terenz 176) oder beim Lesen der neckisch-ironischen Feststellung von Schülern, sie würden durch die Glocken nicht in die Schule gerufen, sondern in den Karzer, weil der Lehrer sie dort wie in einem Käfig eingesperrt hält (so bei Fuhrmann,

14 S. dazu auch die Beiträge von Clasen, Zeitler und Hundsrucker in diesem Bande 27ff.; 87ff.; 117ff.

Erasmus, 403). Solche Möglichkeiten der Identifikation sind nicht überall, nicht leicht und auch nicht ohne Bedenken herzustellen. Hinter der Absicht der Identifikation verbirgt sich die wissenschaftstheoretische Position der Phänomenologie, die auf das „Ja, so ist es auch"-Erlebnis abzielt; dieses Erlebnis ist sozusagen die angestrebte Wirkung.[15]
Phänomenologie ist eine Methode, die die Lebenswelt des Menschen unmittelbar durch ganzheitliche Interpretation alltäglicher Situationen (wie eben z. B. ‚Heiraten' oder ‚Schulbesuch') versteht. Dabei ist zu bedenken: Die phänomenologische Methode erhebt nicht den Anspruch, überzeitlich gültige Aussagen zu machen, sie ist „an sich eine unhistorische Methode", die sich jedoch immer in einen bestimmten historischen Horizont stellt. „Sie beschreibt Zustände, Erlebnisse, Gefühle als allgemeingültig, ohne damit aber ausdrücklich behaupten zu wollen, daß selbstverständlich Perikles, Caesar oder Kaiser Barbarossa schon die gleichen Situationen hätten erleben können. Vielmehr beziehen sich die Phänomenologen immer ausdrücklich auf den Menschen der Gegenwart und der eigenen Gesellschaft." (H. Seiffert, 39). Der Phänomenologe unterstellt also, daß seine Aussagen immer für einen bestimmten raumzeitlichen Bereich gelten. Auf Lateinunterricht bezogen heißt das: Das „Ja, so ist es auch"-Erlebnis wird auf den raumzeitlichen Bereich der Antike (etwa Zeit des Terenz) bzw. des Humanismus (etwa Zeit des Erasmus) bis zur Gegenwart als gültig angesehen; das sind sehr weite Zeitspannen. Damit ist nun auch das schwierige Problem sichtbar. Besteht zwischen den zeitlich so weit auseinanderliegenden Welten von Antike, Humanismus und Gegenwart überhaupt eine Identität der Gefühls- und Erfahrungswelt? Saul B. Robinsohn hat bekanntlich die fehlende Isomorphie zum Anlaß genommen, den Alten Sprachen ihre Bildungsfähigkeit abzusprechen; andere

15 Vgl. dazu bes. Seiffert, H.: Einführung in die Wissenschaftstheorie 2. – München 1973[5], 26ff.; die folgenden Ausführungen orientieren sich in erster Linie an dieser Darstellung.

haben in Widerspruch dazu nachzuweisen versucht, daß zumindest in anthropologischem Sinne eine Gleichförmigkeit von Antike und Gegenwart vorliege, weil den Menschen von damals und heute als gemeinsamer Nenner das Humanum gegeben sei, das ‚being human', das den Menschen von anderen Geschöpfen unterscheidet.[16] Unter der Spannung solcher gegensätzlicher Auffassungen steht jeder Lektüreunterricht; sie kann sich für den einzelnen Lehrer nur sinnvoll lösen, wenn er einerseits im Bewußtsein der Schwierigkeiten solche Identifikationsmöglichkeiten sucht, andererseits aber auch die historische Ferne, die Dimension der Geschichtlichkeit betont. Zur Identifikation muß auch schon in der Mittelstufe der Akt des Distanzierens treten: also das Abheben auf die Erfahrung des Andersartigen, des Fernliegenden, des Fremden, das uns wegen der geschichtlichen Verbindung der europäisch-abendländischen Tradition näher angeht, eben des „nächsten Fremden" (Uvo Hölscher). Die Wirkung, die man aus solcher Beschäftigung mit der Vergangenheit sucht, ist die bessere Orientierung in der Gegenwart und Zukunft. Kultur- und Geschichtsbewußtsein sind es, in deren Dienst sich lateinischer Lektüreunterricht stellt – worin die vornehmliche differentia specifica zum Literaturunterricht in anderen Sprachen zu sehen ist. Die Aneignung eines „objektiven Kulturwissens" tritt wieder zunehmend als pädagogisches Ziel in den Vordergrund, wie wir an anderer Stelle nachzuweisen suchten.[17] Ein didaktischer Ansatz, der sowohl Identifikation wie auch Distanz zu erarbeiten versucht, bedingt, daß man die Antike so erscheinen läßt, wie sie war, sie nicht verklärt oder auf das Positive hin bereinigt, indem man also das Humanum der Antike in seinem

16 So Jonas, H.: Change and Permanence: On the Possibility of Understanding History. In: Die Interpretation in der Altertumswissenschaft (hrsg. von Schmid, W.). – Bonn 1971, 31f. Vgl. auch Kamlah, W./Lorenzen, P.: Logische Propädeutik. Vorschule des vernünftigen Redens. – Mannheim/Wien/Zürich 1973², 113f., vgl. auch 51f. und 105.

17 Sprach- und kulturhistorische Fächer ohne Zukunftschancen? Analyse der geistigen Situation: Sehnsucht nach einem „neuen" Humanismus? In: Anregung 28 (1982), 143ff.

breitesten Spektrum vorführt, nicht nur in der besonders von Menander geprägten Form der „liebenswürdigen Weltläufigkeit“ und des „witzig beredten Menschentums“[18], sondern in der ganzen Fülle des ἀνθρώπινον, demzufolge bekanntlich nach Thukydides auch ein Werk über einen Krieg die Chance hat, als dauerhafter Besitz bestehen zu bleiben. Ein solches Verständnis des Menschen ist auch dem politisch-tätigen Römer angemessener[19], dem nun einmal das Streben nach Gloria, nach Macht im Inneren, nach imperialem Einfluß nach außen wesensgemäß war. Es darf nicht verschwiegen werden, daß sich dieser Wesenszug der Römer eben auch in deren Kriegen und Eroberungszügen entfaltete. Ein militärisch-politischer Text ist für solches Denken und Handeln repräsentativ. Von den fachlichen Prinzipien her betrachtet, verbietet sich im Lateinunterricht eine derartige Lektüre nicht nur nicht, sondern erscheint geradezu als geboten. Etwas anderes freilich ist es, mit welchen Zielen man einen derartigen Text auf der hier in Frage kommenden sach- und problemorientierten Interpretationsebene liest. Daß Schlachtenschilderungen, Berichte von Siegen und Verlusten, auch in der Anfangslektüre nicht im Mittelpunkt stehen dürfen, versteht sich von selbst. Caesar bietet auch anderes genug. In zeitlicher Ferne werden an seinem Text das Phänomen des Krieges, seine Hintergründe und Methoden, seine Auswirkungen und Folgen nachhaltig bewußt (Krieg ist doch leider nicht nur ein potentieller Teil unserer Wirklichkeit). Am Gegenbild der Antike wird deutlich, was militärisches-politisches Denken ist und wie es sich darstellt. Zugleich erhält der Schüler ein später benötigtes Wissen von römischer Vertragspolitik und römischem Militärwesen, vom Verhältnis der Römer zu anderen Staaten und ihrer Eroberungstaktik, von der politisch gestimmten Darstel-

18 So bezeichnet etwa Bruno Snell (Die Entdeckung der Menschlichkeit und unsere Stellung zu den Griechen. In: Humanismus, hrsg. von Oppermann, H. – Darmstadt 1970, 253) dieses Humanum des Menander.

19 Vgl. Snell, B.: ebenda 248, und bes. Knoche, U.: Vom Selbstverständnis der Römer. Beiheft des Gymnasiums 1962, 2, bes. 13ff.

lung von Art und Sitten anderer Völker (Gallier, Britannier, Germanen).
Vielleicht wird dem Schüler auf diese Weise – auch durch die Art der schriftstellerischen Leistung – ein Eindruck vermittelt von dem, was römisches Wesen war, was die Römer bis in unsere Zeit interessant machte. James Joyce hat dies ja prägnant formuliert: „Die Römer sind uns interessant als Schriftsteller einer unermeßlichen Republik, der größten und unermeßlichsten, die die Welt gesehen hat, einer Republik, die seinerzeit fünfhundert Jahre lang die Heimat fast aller Männer der Tat war, die ihren Namen von Gibraltar bis nach Arabien erschallen ließ und hinauf bis zum fremdenhassenden Britannier, überall ein Name der Macht und überall Sieg im Troßwagen ihres Heeres."[20]

3.4 Caesar ist ein immer gegenwärtiges Phänomen unserer kulturellen Welt; er repräsentiert einen abendländischen Menschentypus

Läßt es sich vertreten, einer besonderen Betonung des geschichtlich Großen entgegenzuwirken? Die sogenannte hermeneutisch-historische Methode mißt jeder Epoche, jedem geschichtlichen Detail gleiche Bedeutung zu. Die Geschichte wird gewissermaßen eingeebnet. Die Erforschung einer Epoche dient ausschließlich dem Ziel, diese Epoche aus ihren Bedingungen heraus zu verstehen. Also Geschichte um der Geschichte willen, „Historie, die nichts als Historie sein will".[21] Da man hier das elitäre Moment aus der Geschichtsbetrachtung ausschalten will, darf Geschichte nicht mehr als die Beschreibung der „Taten großer Männer" verstanden werden. Es ist von daher verständlich, wenn man auch Caesars Größe auf ein Minimum reduziert. Dieser Denkrichtung steht freilich

---

20 James Joyce: Das Studium der Sprachen. In: Kritische Schriften. – Frankfurt 1973, 15.
21 Vgl. Seiffert, H., a.O., bes. 86ff.

J. Burckhardts Urteil gegenüber, daß im Drama der Weltgeschichte die einzelnen Entwicklungen jeweils mit Personen verbunden sind, ja davon abhängen. „Schicksale von Völkern und Staaten, Richtungen von ganzen Zivilisationen können daran hängen, daß ein außerordentlicher Mensch gewisse Seelenspannungen und Anstrengungen ersten Ranges zu gewissen Zeiten aushalten könne. Alles Zusammenaddieren gewöhnlicher Köpfe und Gemüter nach der Zahl kann dies nicht ersetzen."

Zudem ist zu fragen, ob dieser wissenschaftstheoretische Ansatz der hermeneutisch-historischen Methode auch der Schule gemäß ist. Das Prinzip: ‚Geschichte um der Geschichte willen' hat hier keine Gültigkeit. Die historischen Gegenstände unterliegen in der Schule einer strengen Auswahl, und die Kriterien dafür sind die auf die aktuellen Lebenssituationen gerichteten Lernziele. Gefragt ist hier u. a., welche Bedeutung ein Gegenstand im Gefüge der Wissenschaft hat und welche Leistung ihm für Weltverstehen, d. h. für die Orientierung innerhalb einer Kultur und für die Interpretation ihrer Phänomene zukommt. Hält der ‚Gegenstand' Caesar einer Prüfung nach derartigen Kriterien stand? Diese Frage ist entschieden zu bejahen. Nicht etwa, weil Caesar den modernen Kalender geschaffen oder dem Kaiserreich seinen Namen gegeben hat, obwohl dies bedeutsam genug ist. Caesar hat politische, zivilisatorische Entwicklungen in Gang gesetzt, deren Ausläufer bis in unsere Zeit reichen. Er hat sich so dem europäischen Bewußtsein als Exponent römischer Machtpolitik und römischen Sendungsbewußtseins eingeprägt. Er hat, so könnte man sagen, Spuren in das Gesicht Europas gezeichnet. Caesar zählt zu den „Menschen, die die Welt veränderten".[22]

---

22 In dem von Roland Gööck herausgegebenen Werk „Menschen, die die Welt veränderten. Schicksale – Taten – Wirkungen" (Gütersloh o. J.) wird Caesar neben Homer, Buddha, Aristoteles, Alexander, Jesus u. a. gestellt, also zu geschichtsmächtigen Figuren, deren Kenntnis der moderne Mensch besitzen soll. – Vgl. auch zur richtigen Beurteilung Caesars aus wissenschaftlicher Sicht das vorzügliche Werk von Christian Meier: Caesar. – Berlin 1982, bes. Kap.: „Caesars Faszination" (26ff.).

Noch mehr: Wo immer außerordentliche Menschen den Schicksalen von Völkern und Staaten eine Richtung gegeben haben, war ihnen selbst oder deren Biographen Caesar der Maßstab. Napoleon hat es bekanntlich Caesar nachgetan, seine commentarii überall auf seinen Feldzügen bei sich tragend. Und Churchill, ein Verehrer Napoleons, urteilt über eben diesen: „Ein großartiger Mensch; für mich kommt er gleich hinter Julius Caesar". Caesar ist demnach zu einem festen Begriff in unserem modernen Denken geworden, er ist ein Phänomen unserer kulturellen Welt. Dabei ist die Vorstellung von seiner Persönlichkeit nicht mehr unbedingt an das Römische, die nationalrömische Idee, die er vertritt, gebunden, er hat sich als Faktum, als geschichtliche Größe sozusagen verabsolutiert. R. HOCHHUTH stellt Ähnliches allgemein an großen historischen Personen fest: „Der Ruhm Churchills würde . . . nicht verblassen; er ist wie der Alexanders, wie Caesars, wie Friedrichs Ruhm längst nicht mehr gebunden an die Existenz der Staaten, auf deren Schlachtfeldern er einst begründet wurde."[23] Caesar also, zu den Tätern der Weltgeschichte gehörig, ist zu verstehen als prägende zivilisatorische Kraft und als Maßstab für geschichtliche Leistung zugleich, kein Petrefakt, keine „versteinerte Statue" (K. WESTPHALEN), sondern lebendig auch in unseren Tagen als eine ‚politische Existenz' schlechthin, einen abendländischen Menschentypus repräsentierend; äußerlich sichtbar durch seine vielfältige Erwähnung oder Darstellung in Literatur, Film und Fernsehen. Caesar gehört doch wohl zu den antiken „Stoffen", denen „Symbolgehalt" und „Zeichenwert" in der Gegenwart zukommt, wie etwa in THORNTON WILDERS „Iden des März"[24], BERT BRECHTS „Die Geschäfte des Herrn Julius Caesar" und in BERNHARD SHAWS

---

23 „In diesem großen Drama war er der Größte". Zum 100. Geburtstag von Sir Winston Churchill. Münchner Merkur, 30. Nov./1. Dez. 1974, Seite 3, Spalte 5.

24 Man lese dazu den sehr aufschlußreichen Aufsatz von OPPERMANN, H.: Die Antike in Literatur und Kunst der Gegenwart. In: Humanismus, a.O., 413ff., bes. 445.

„Caesar und Cleopatra“.[25] Die Kenntnis von Caesar ist für die Orientierung innerhalb unserer Kultur notwendig; die Schüler müssen einen Begriff davon bekommen. Die Gestalt Caesars und die von seiner Politik ausgehende zivilisatorische und kulturelle Entwicklung dürfen doch wohl Anspruch darauf erheben, ein Bestandteil jener „Allgemeinbildung“ zu sein, die einen Menschen instandsetzen, „in Gesprächsrunden ‚mitreden zu können‘“ (so von den Schülern als eines der Kernziele des gymnasialen Unterrichts formuliert). Diese Begegnung mit Caesar sollte gerade schon in der Anfangslektüre stattfinden, also in einer Altersstufe, auf der sich die Delineamente von Menschen und Ereignissen am tiefsten und nachhaltigsten dem Gedächtnis einprägen. Auf dieser Stufe liegt ja beim Schüler ein „sachstruktureller Entwicklungsstand“ vor, in dem sich historische Prozesse am besten durch die anschauliche Demonstration von Fakten und kernigen handelnden Gestalten darbieten lassen. Die Caesar-Lektüre bietet die fast einmalige Chance, eine historische Figur von überaus weitreichender Wirkung in der Geschichte durch sich selbst, d. h. durch sein eigenes Werk, Schülern nahezubringen. Dabei wächst ihnen zugleich in kaum überbietbarer Weise die Erkenntnis zu, daß Wesen und Stil eines Menschen eine Einheit bilden; auf diese Weise wird ihnen der ganze Mensch Caesar erfahrbar; denn, um mit SCHOPENHAUER zu reden, „Stil ist die Physiognomie des Geistes; sie ist untrüglicher als die des Leibes.“

Die Verteidigung Caesars als eines Autors der Mittelstufe, die wir vorausgehend versucht haben, stellt jedoch seine Lektüre unter drei Bedingungen:

1. Es müssen die pädagogisch wertvollsten Textstellen ausgewählt werden.

---

25 Aufschlußreich dazu TSCHIEDEL, H. J.: Zu Caesars literarischer Aktualität. In: NEUKAM, P. (Hrsg.): Widerspiegelungen der Antike. Klassische Sprachen und Literaturen. Bd. XIV. – München 1981, 104ff.

2. Diese Texte sind nicht bloß genau und intensiv zu übersetzen, sondern auch angemessen zu interpretieren (mit Festhalten der Ergebnisse etwa in Protokollen und/oder Sachheften).
3. Die Lektüre muß unbedingt zeitlich begrenzt werden, damit auch andere Autoren (vor allem der Dichtung) zur Geltung kommen.

Für THOMAS WOLFE, den Kritiker der lateinischen Schullektüre, ist Cicero ein „langweiliger Hund". Caesar hat er, wie wir hörten, ein so negatives Urteil nicht ausgestellt. Man hat Cicero mit Recht nicht aus der Mittelstufe verbannt; mit um so weniger Recht dürfen wir wohl dies Caesar antun. Caesar gehört mit in das Zentrum der Mittelstufe. Wie die überall neugeschaffenen Mittelstufen-Lehrpläne zeigen, haben offensichtlich die Caesar-Befürworter überzeugt: Caesar ist der einzige Autor, der überall für die Mittelstufe verbindlich vorgeschrieben ist.[26]

Der Angriff auf Caesar hat freilich die Schwierigkeit und Bedenklichkeit dieser Lektüre bewußt gemacht; daraus muß für jeden Lehrer der Appell kommen, es nicht in allem beim Alten zu belassen, sondern mit didaktischer Phantasie und pädagogischer Verantwortung nach neuen Wegen der Lektüre und einer besseren Präsentation des Autors zu suchen.[27] Dies schulden wir den heutigen Lateinschülern.

---

26 Siehe zur Position Caesars in den Lehrplänen der Bundesländer MAIER, F.: Der lateinische Lektüreunterricht auf der Sekundarstufe I. In: Fachdidaktisches Studium. Alte Sprachen 2, 78ff.

27 Vorschläge dazu bringt nicht nur der vorliegende Band. Zwei ausgearbeitete Unterrichtsmodelle zur Caesar-Lektüre lege ich demnächst auch vor in: Lateinunterricht zwischen Tradition und Fortschritt, Bd. 2.

Adolf Clasen

Der Griff nach Britannien*
Caesar als Anfangslektüre

Es stimmt nachdenklich, wenn in einem vor wenigen Jahren erschienenen Buch über „Die Römer" das Kapitel, das die Eroberung Galliens durch Caesar behandelt, zum Anlaß für eine kritische Auseinandersetzung mit dem „Lateinunterricht heute" – so der Untertitel – wird.[1]
Daß im Rückblick auf die Schulzeit kaum eine Lektüre so mit dem Lateinunterricht schlechthin identifiziert wird wie Caesars Bellum Gallicum, ist eine verbreitete Erfahrung, bräuchte aber nicht zu beunruhigen, wenn sie nicht weitgehend negativ gefärbt wäre.[2] Es hat der Rolle und dem Ansehen Caesars als Schulautor mehr geschadet als genützt, daß sein Bericht „immer mehr in die Rolle eines Übungsbuches"[3] gedrängt worden ist, ebenso wie ein uninteressanter, „öder" Übersetzungsbetrieb.[4]

1. Probleme der Caesar-Lektüre

Im Schatten dieser Hypothek bedeutet die Entscheidung für die Caesar-Lektüre allemal die Annahme einer Herausforderung, erst recht, wenn die Schrift – wie heute wohl in vielen

---

* Zuerst veröffentlicht in: IPTS-Beiträge für Unterricht und Lehrerbildung, Heft 7 (Neue Wege bei der Cäsar-Lektüre). – Kiel 1978. Der Beitrag erscheint hier in überarbeiteter Fassung.

1 Stöver, H. D.: Die Römer – Taktiker der Macht. – Düsseldorf/Wien 1976, 327.

2 Vor wenigen Jahren begrüßte der Kultusminister eines Bundeslandes den Vorsitzenden des DAV-Landesverbandes mit den Worten: „Wir mußten 1¼ Jahre Caesar lesen – das hat für den Rest des Lebens gereicht!" – Von der „bleibenden Enttäuschung" als Folge der Caesar-Lektüre spricht Ludwig, W.: Die lateinischen Schulautoren. In: MDAV 12 (1968) 1, 7.

3 Richter, W.: Caesar als Darsteller seiner Taten – Eine Einführung. – Heidelberg 1977, 15.

4 Ders., ebd.

Fällen – als Anfangslektüre eingesetzt wird. Hinzu kommen die veränderten organisatorischen Voraussetzungen, die sich auf die Verwirklichung unterrichtlicher Vorhaben erschwerend auswirken.[5] Vor allem sind es fünf Problembereiche, die den Schwierigkeitsgrad der Caesar-Lektüre begründen und von dem Lehrer, der sich für sie als Anfangslektüre[6] entscheidet, beachtet werden müssen.

1.1 Das Problem der Motivation

Viele Schüler verharren in aufgeschlossener Erwartung, lernen aber bald, daß dieses Werk für sie kein Gesamtwerk werden wird, daß ihr Können – auch bei gutem Willen – meist nur zeilenweises Vorankommen ermöglicht. Die erwartungsvolle Bereitschaft nutzt sich ab in dem täglichen Zwang der Übersetzungsroutine. Die Gefahr, daß das Interesse erlahmt und Entmutigung folgt und daß mit dem Verlust des Blickes für das Ganze auch die Lust am Unterricht verlorengeht, ist die zentrale Herausforderung.[7]

1.2 Das Problem der Anschauung

Es geht um die Frage, wie weit das Gelesene lebendig wird. Gelingt es, bei der ungenügenden, noch unfertigen Vorstel-

5 Daher die Vorschläge von OTT, A. und WOLF, H.: Ein neuer Weg zur Caesarlektüre in der zehnten Klasse der Gymnasien. In: AU XXIV (1981), 3, 53ff. Das dort zur Diskussion gestellte Lektüremodell hebt auf den bayerischen Lehrplan ab und wird hier nicht diskutiert.

6 „Anfangslektüre ist nichts anderes als die erste Hauptlektüre auf der Sekundarstufe I." So GLÜCKLICH, H.-J.: Lateinunterricht. – Göttingen 1978, 146; vgl. auch die grundsätzliche Darstellung vom selben Verfasser: Lateinlektüre auf der Sekundarstufe I. In: AU XXII (1979), 3, 5–18.

7 Als „anstrengende Lektüre" charakterisiert die Caesar-Lektüre WÜLFING, P.: Lateinische Anfangslektüre im heutigen Schulunterricht. In: studien – seminarberichte aus dem IPTS – Heft 17, Kiel o. J., 110; bei der Suche nach den Gründen für diese verbreitete Erfahrung ist auch die Frage statthaft, wie weit die in manchen Lehrbuchwerken geübte Caesar-Antizipation, das z. T. reiche Übungs- und Lernangebot oft ganzer Sätze aus dem *Bellum Gallicum,* das Phänomen begünstigt.

lungskraft der Schüler das Übersetzte als gelebtes Leben vor dem Auge erstehen zu lassen? Während sie in Film und Fernsehen das Fremde und Exotische so gut wie täglich zu sehen bekommen, dort auch schon einmal die antike Welt gezeigt wird („Caesar und Kleopatra"), von Asterix zu schweigen, bleibt das, was die Legionäre in Caesars Heer erleben und leisten, oft abstrakt und bloßes Wort: „Da fällt uns die ganze überlieferte Phraseologie der Lateinübersetzung ein: aus dem Text . . . kommen nur noch ‚Krieger, Tugend, Gefangene, Schwerter und Hinterhalte, Gelage und Geschenke, Wogen und Schiffe', lauter langweilige, feierliche und kalte Dinge, ohne Farbe, ohne Relief, ohne Leben."[8]

Ohne Zweifel kann schon durch Interpretieren, bei dem mehr auf die Sprache von heute geachtet wird, aber auch durch Einbeziehung der Realien und Veranschaulichung solcher Kritik entgegengewirkt werden. Auch bei Auswahlentscheidungen kann der Gesichtspunkt der Anschaulichkeit von Bedeutung sein. Ein geschehensreicher, bewegter Handlungsablauf kann, sicherlich in einer 9. Klasse, mit mehr Resonanz rechnen als eine Kapitelfolge von Verhandlungen. Aktion findet in diesem Alter mehr Interesse als Reflexion.

1.3 Das Problem des Verstehens

Werden die Schüler mit der Sprache und dem Stil des Bellum Gallicum konfrontiert, liegt der Anspruch an ihre Verständnisfähigkeit und ihr Sprachvermögen deutlich höher als bisher. Die Schwierigkeiten, die vom heutigen Lateinschüler nach rund zweieinhalbjähriger Anlaufzeit bewältigt werden müssen, rühren nicht allein von der Länge vieler Perioden und den syntaktischen Fügungen her (obwohl von daher auch), oft haben sie ihren Grund in dem, was man „Mittel hintergründi-

8 MAROUZEAU, J.: Das Latein – Gestalt und Geschichte einer Weltsprache. dtv-WR 4029, 9.

ger Leserführung" genannt hat[9], wie z. B. die psychologisch motivierten Verklammerungen, die Wortstellung, Pausen und Betonungen, die vom Schüler nicht wahrgenommen und nicht empfunden werden können. Ihm offenbart sich nur eindimensional, was Druck und Schrift geworden ist. Und nicht allein das macht Beschwer, auch die Semantik.[10] Auch wenn die Vokabeln immer gelernt worden sind, stimmen die gelernten Bedeutungen oft nicht mehr: laus, negotium, consilium, gratia, ratio, infirmitas Gallorum – die Liste läßt sich verlängern und bestätigt doch nur, daß die Welt der gelernten Vokabeln sich als verunsichernd erweist. Wenn es wahr ist, daß der Schüler nicht fragt, „was der Autor meint, sondern was die Wörter ‚heißen'"[11], dann gilt diese Wahrheit gewiß beim Schüler der 9. Klasse, der eben das Lehrbuch aus der Hand gelegt hat. Damit wird nun kein Mangel an jugendpsychologischer Eignung diagnostiziert[12], sondern der Mangel an Spracherfahrung festgestellt, dem zu begegnen die Aufgabe der Interpretationsarbeit ist. Es handelt sich jedoch hier auch um einen Mangel an Einfühlungsvermögen. Was noch nicht ausgebildet ist, ist ein Fundus an Phantasie und Erfahrung, neben Anschauung und Vorstellungskraft die Voraussetzungen verständigen Interpretierens. Reifedefizite also, die in der Situation des heutigen Empfängers begründet sind; „denn bei keinem anderen in der Schule gelesenen Autor ist das Mißverhältnis zwischen Werk-Intention und Rezeptions-Intention so kraß"[13], erst recht, wenn

---

9 Vgl. v. Hentig, H.: Platonisches Lehren I. – Stuttgart 1966, 337; zu Caesars Stil vgl. Seel, O.: Caesar-Studien. – Stuttgart 1967, 11ff.; jetzt auch Meier, Ch.: Caesar. – Berlin 1982, 310ff.

10 Vgl. Nickel, R.: Die Alten Sprachen in der Schule – Didaktische Probleme und Perspektiven. – Frankfurt 1978², 99.

11 So Hermes, E.: Was heißt ‚übersetzen'? In: AU VII (1964) 4, 109.

12 „Seit Jahrhunderten" gelte Caesar als schulgeeignet – so Richter a.O., 10; hier sind freilich Einschränkungen am Platz: nicht jeder Abschnitt des *Bellum Gallicum* ist angemessen. Ein Überblick über die Historizität des Problems bei Fuhrmann, M.: Alte Sprachen in der Krise? Analysen und Programme. – Stuttgart 1976, 84f.

13 Latacz, J.: Zur Caesars Erzählstrategie (BG I 1–29: Der Helvetierfeldzug). In: AU XXI (1978) 3, 70–87 (Zitat S. 80); materialreich auch Fink, G.: Caesarbild und Caesarlektüre. In: AU XXIII (1980), 3, 32–41.

die unterschiedliche Interessenlage von Jungen und Mädchen mit im Spiele ist.[14]

1.4 Das Problem der Voraussetzungen

Nicht allein Sprache und Stil sowie der Problemgehalt stellen eine Barriere dar, sondern auch das originale Latein. Im Gegensatz zur Lektionsordnung und zum Kunstlatein vieler Lehrbuch-Texte mit den grammatischen Schwerpunkten trifft der Schüler jetzt auf die lebendige Fülle grammatischer Möglichkeiten. Die totale Präsenz aller schon behandelten Phänomene, die möglichst unbeeinträchtigte Verfügbarkeit des Gelernten ist Voraussetzung des Erfolges. Ein Feld, auf dem Frustrationen und Konflikte gedeihen und die methodische Kreativität des Unterrichtenden gefordert ist, um die Frage zu lösen, wie man bei den gegebenen Stundenzahlen im Interesse der Motivation den Schwerpunkt der Arbeit am Text beläßt und doch den Kenntnisschwund in grammaticis einschränkt.

1.5 Das Problem des Wortschatzes

Es ist ein längst erkanntes Problem, daß der von den Lehrbüchern vermittelte Wortschatz sich nicht mit dem in der Anfangslektüre benötigten deckt.[15]
Freilich könnten die Lehrbücher sich auf einen lektürespezifischen und unter ökonomischen Gesichtspunkten ausgewählten Wortschatz, wie er als „Recht des Schülers" (GUTHARDT) proklamiert worden ist, nicht beschränken, ohne auf grundsätzliche didaktische Positionen zu verzichten. Hinzu kommt die nur begrenzte und heute schnell ermüdende Lernbereitschaft bei

---

14 Zu Recht als ein Problem angesprochen: KRÜGER/HORNIG: Methodik des altsprachlichen Unterrichts. – Frankfurt/Berlin/Bonn 1963, 63; man darf die Behauptung wagen, daß Veranschaulichung und die Betonung der menschlichen Aspekte sich auch auf die Motivation von Mädchen günstig auswirken.

15 GUTHARDT, A.: Grenzen und Möglichkeiten des fünfjährigen Lateinunterrichts. In: Gymn. 76 (1969), 280.

den Schülern, gerade im Lernalter der Anfangslektüre. Davon müssen die Überlegungen ausgehen. Der Begriff „Wortschatzminimum“ (NICKEL) weist in die richtige Richtung; denn ohne die Verfügbarkeit über einen ausreichenden Grundwortschatz, eine Art von „basic Latin“, wird die Arbeit am Text unersprießlich und demotivierend.[16]

Bei dieser Gesamteinschätzung der Probleme, die mit der Caesar-Lektüre zusammenhängen, muß die unterrichtliche Behandlung des Bellum Gallicum auf der Mittelstufe als eine besonders anspruchsvolle, vielleicht als die schwierigste Lektüreaufgabe angesehen werden, die einem Lateinlehrer zu erfüllen aufgegeben ist. Wer sich dazu entscheidet, trägt eine gesteigerte Verantwortung, zu deren Übernahme indessen nicht ein – überholtes – Kanondenken veranlassen sollte, sondern die Erkenntnis, daß dieses Werk bei überlegtem Einsatz für die Verfolgung der Unterrichtsziele der Anfangslektüre wie kaum ein anderes geeignet ist.[17]

2. Lernziele der Caesar-Lektüre

Voraussetzung ist ein angemessenes Lernzielprogramm. Die nachfolgend aufgeführte Lernzielübersicht – die Inhaltsfelder berufen sich auf die DAV-Matrix[18] – können das verdeutlichen. Auf einen Vorschlag zum Inhaltsfeld „S“ (Sprache) wird verzichtet. Denn während davon auszugehen ist, daß die sprachlichen Lernziele der Caesarlektüre, d. h. die Festigung der im Grammatikunterricht erworbenen Kenntnisse und Fertigkeiten, und die operationalen Lernziele, die der Einübung von „grundlegende(n) Texterschließungs- und Interpretationstech-

---

16 NICKEL spricht von der „Notwendigkeit eines für die jeweilige Textlektüre charakteristischen Wortschatzes“ (a.O., 36).

17 Vgl. auch GLÜCKLICH, Lateinunterricht, 146: „sehr geeignet“.

18 Vgl. FRINGS, U./KEULEN, H./NICKEL, R.: Lexikon zum Lateinunterricht. – Freiburg/Würzburg 1981, 179ff. (s. v. Lernzielmatrix).

niken“ (GLÜCKLICH) zugeordnet sind, weitgehend unumstritten sein dürften, muß das Gespräch über die inhaltlichen Lernziele der Caesar-Lektüre weitergeführt werden.

Lernziel-Vorschlag für „CAESAR als Anfangslektüre“

Inhaltsfeld Literatur (L):

1.0 Lektüre

1.1 Vertrautheit mit (mindestens) einem Geschehensablauf („bellum“) durch Originallektüre

1.2 Kenntnis eines weiteren „bellum“ (Original- oder Übersetzungslektüre)

1.3 Kenntnis des Aufbaus von Caesars Commentarii

1.3.1 Fähigkeit, die gelesenen Abschnitte einzuordnen

2.0 Stil und Darstellung

2.1 Vertrautheit mit unterschiedlichen Darstellungsformen (parataktischer, hypotaktischer und prädikativer Stil)

2.2 Kenntnis der Bedeutung von Darstellungsformen wie direkter und indirekter Rede

2.2.1 Übertragung der gewonnenen Einsicht(en) auf Parallelstellen (Transfer)

2.2.2 Übertragung von anderswo gewonnenen Einsichten auf den vorliegenden Text (Retransfer)

2.3 Einblick in Probleme der Gestaltung und der Anordnung des Stoffes

2.4 Kenntnis unterschiedlicher Erzählhaltungen des Autors

3.0 Gewinnung neuer Einsichten durch Textinterpretation auf folgenden Gebieten:

3.1 Aufdeckung der Aussageintention des Autors (zentrales Lernziel)

3.2 Frage der Objektivität des Autors:

3.2.1 Anerkennung des Gegners

3.2.2 Hervorhebung der Leistungen der römischen Seite

3.2.3 Darstellung eigener Niederlagen

3.3 Das Bild der fremden Völker bei Caesar – Einblick in die unterschiedliche Darstellung von Römern und ihren Gegnern

3.4 Vertrautheit mit dem Zweck des Werkes

3.4.1 Rechtfertigungs-„Tendenz“

3.4.2 Appellcharakter

3.4.3 Propaganda-Effekt (politisch-militärische Selbstdarstellung)

Inhaltsfeld Gesellschaft/Staat/Geschichte (G):

1.0 Sachziele

1.1 Kenntnis wichtiger biographischer Daten und Fakten Caesars

1.2 Einblick in die geschichtliche Bedeutung der Eroberung Galliens

1.3 Vertrautheit mit staatlichen Einrichtungen Roms, insbesondere dem „cursus honorum“

1.4 Einblick in gesellschaftlich-politische Grundgegebenheiten (z. B.: Parteienwesen, Klientelwesen)

2.0 Lektürewichtige Realien (Kenntnisse)
2.1 Zeitangaben (Jahreszählung; Tageszeit)
2.2 Heerwesen
2.2.1 die römische Legion
2.2.2 die Hilfstruppen; der Troß
2.2.3 die Legion auf dem Marsch; Lagerbau und -anlage
2.2.4 allgemeine Sachen wie z. B. Nachschubwesen; Befehlstechnik
2.3 (ggf.) die röm. Flotte
2.4 Fragen des Buch-„drucks"

3.0 Gewinnung neuer Einsichten durch Textinterpretation auf folgenden Gebieten:
3.1 Caesar und seine Soldaten
3.2 Caesar als Organisator und Planer – das Zustandekommen von militärischen (ggf. auch von politischen) Entscheidungen
3.3 Caesar als römischer Politiker – die Wirksamkeit römischer Denk- und Urteilskategorien bei militärischen (ggf. auch bei politischen) Entscheidungsprozessen (z. B. bellum iustum; ius gentium; maiestas/dignitas populi Romani) – Rom als ständiger Bezugspunkt
3.4 Kenntnis eines geschichtlich bedeutsamen Gegenspielers Caesars in Gallien
3.5 Das Vorgehen gegenüber unterworfenen Völkern
Vergleich mit ähnlichen Vorgängen, ggf. auch anderer Völker und Kulturen (Transfer)
3.6 Die Organisation unterworfener Gebiete und Völker
Vergleich mit ähnlichen Vorgängen, ggf. auch anderer Völker und Kulturen (Transfer)
3.7 Innenpolitische Verhältnisse bei den Völkern Galliens
3.8 Die nicht- bzw. antirömischen Denk- und Verhaltensmuster („der geistige Widerstand gegen Rom")

Inhaltsfeld Grundfragen menschlicher Existenz – Humanismus (H):
1.0 Bereitschaft, Anstöße aufzugreifen und komplexe existentielle Probleme zu durchdenken und zu diskutieren
2.0 Gewinnung neuer Erkenntnisse durch Textinterpretation auf folgenden Gebieten:
2.1 Aufgaben, Pflichten und Verantwortung des Heerführers (bes. im Ausland und unter begrenzten Kommunikationsbedingungen)
2.2 Aufgaben, Bewährung und Versagen Einzelner

2.3 Existentielle Probleme des einfachen Soldaten, auch der gallischen Bevölkerung (des sog. „kleinen Mannes“)
2.4 Einstellung Caesars zu menschlicher Tragik und menschlichem Leid
2.5 Herausarbeiten eines Charakterbildes
2.6 Herausarbeiten von psychologischen Strukturen

Dazu einige Überlegungen. Was die Caesar-Lektüre angeht, so gilt es, bei der Textauswahl und den aus ihr abgeleiteten Lernzielen die Gefahr möglicher Verfrühung zu sehen. Überforderung ginge, wie stets, zulasten der Motivation. Die Auswahlentscheidung muß sich an pädagogischen und alterspsychologischen Gesichtspunkten orientieren. Im Fall der Anfangslektüre bedeutet das den Vorrang von Sachnähe und Anschaulichkeit vor Problemzielen mit einem höheren Anspruch.[19] Entsprechend den drei von FRIEDRICH MAIER vorgeschlagenen Interpretationsebenen[20] muß sich die Lektüre auf der Ebene der sach- oder werkorientierten Interpretation bewegen, wenn die Gefahr vermieden werden soll, daß am „Fragehorizont“ der Schüler (HEINRICH ROTH) vorbei unterrichtet wird. Angesichts der Lockung, die Lernziele zu hoch anzusiedeln, bedürfen Lernziele, die auf das Konkrete blicken und die Realien des römischen Lebens einbeziehen, wieder stärkerer Berücksichtigung, ohne daß deshalb auf das psychologisch Interessante verzichtet werden soll.

Lebensnähe und Bildhaftigkeit muß man in der Tat anstreben, soll das Schülerinteresse geweckt und das Gelesene als bedeutsam empfunden werden. Ein großer Teil der oben beschriebenen Probleme ließe sich damit lösen.

Aus diesen Gründen erscheinen die Kapitel der ersten Überfahrt nach Britannien als für die Anfangslektüre sehr geeignet.

---

19 Z. B. GLÜCKLICH, H.-J.: Das erste Buch des Bellum Gallicum im Schulunterricht. In: AU XV (1972) 5, 45; auch Ziele, wie sie von MUNDING, H. (ebd. 26–43) angeregt werden, könnten sich im Fall der Anfangslektüre als problematisch erweisen. Nicht aber sein Vorschlag „Caesar-Lektüre aus der Sicht des ‚kleinen Mannes‘ – (Zu BG I 1–29)“, der auf der hier vorgeschlagenen Interpretationsebene liegt (ebd. 87–89).

20 Interpretationsebenen im Lektüreunterricht – Grundlinien einer altsprachlichen Lektüredidaktik. In: Anregung 20 (1974), 365–373, besonders 367f. Überarbeitete Fassung in Lateinunterricht zwischen Tradition und Fortschritt, Bd. 2. – Bamberg 1983.

Sie enthalten die Schilderung einer handlungsreichen, technisch interessanten und „besonders abenteuerlichen“[21] Unternehmung mit einem entsprechend hohen Veranschaulichungspotential. Das läßt sich auch so begründen, daß das Bild von Armeen sich durch die technische Entwicklung völlig verändert hat, während die Bedingungen auf See durch die Abhängigkeit von den Elementen sich immer gleich bleiben, trotz moderner Techniken im Schiffbau. Ein weiterer Vorzug liegt auch darin, daß sich in einer Folge von wenigen Kapiteln die wesentlichen Allgemeinziele der Cäsar-Lektüre verwirklichen lassen.

3. Interpretationslinien

Die Lektüre kann mit IV 20,1 einsetzen. Als ob das Vorhaben selbstverständlich wäre, sagt Caesar nichts vom Beschluß selbst. Wann er ihn gefaßt hat, bleibt offen. Wir hören nur, daß er ihn wegen der klimatischen Gegebenheiten schnell umsetzen will:

20,1 Als der Sommer sich schon stark dem Ende zuneigte, traf Caesar eilends – auch wenn in diesen Gegenden der Winter als Folge der nach Norden gewandten Lage von ganz Gallien früh einsetzt – noch Anstalten, nach Britannien überzusetzen.[22]

Begriffe von Zeit und Eile herrschen schlüsselhaft vor: *exigua parte reliqua – maturae hiemes – contendit – tempus deficeret – modo adire.* Kein Wort zu dem außerordentlichen Charakter dieser amphibischen Operation, zu dem Wagnis, die gallische Küste hinter sich zu lassen und auf den Ozean vorzustoßen. Dieses Unternehmen war ohne Vorbild. An Erfahrungen wird er nur den Bericht des Pytheas zur Hand gehabt haben. Es war

---

21 BAYER, K.: Caesar im Unterricht. In: HÖRMANN, F. (Hrsg.): Die Alten Sprachen im Gymnasium. – München 1968, 76, der auch auf die Querverbindung zum Englischunterricht hinweist.

22 Den übersetzten Abschnitten liegt zugrunde: C. Iulii Caesaris Commentarii de Bello Gallico, erklärt von KRANER/DITTENBERGER/MEUSEL, Bd. I. – Dublin/Zürich 1968[21].

eine Fahrt ins Ungewisse, wagemutig[23], im Erfolgsfall politisch vorteilhaft, wie denn ja die Nachhaltigkeit des Eindrucks, den sie bei den Zeitgenossen hervorrief[24], durch das dreiwöchige Dankfest bezeugt wird, von dem Caesar nicht ohne Stolz berichtet (IV 38,5). Wie ein Echo klingen die Worte Catulls (11,11): *horribile aequor ultimosque Britannos*. Das mag die zeitgeschichtliche Bedeutung der Operation illustrieren.

Wo wir auch in den Caesar-Text einsteigen, den Hintergrund auszuleuchten, ist eine wichtige Aufgabe (Lernziel: G 1.1).

In der Begründung kein Wort über Hoffnungen im Hinblick auf den sagenhaften Reichtum der Insel: da war von Gold die Rede – ein Echo davon bei Cicero (ad fam. VII 7,1); Sueton erzählt sogar, Caesar habe die Insel der Perlen wegen erobern wollen. Von solchen Überlegungen sagt er selbst nichts.[25]

Was hat Caesar vor, der eben noch den Rhein mit seinem Heer überschritten hat, um die Germanen einzuschüchtern?[26]

In fast allen bisherigen Feldzügen, schreibt er, sei von dort Unterstützung für die Gallier – Caesar sagt *nostris hostibus,* ein Solidaritätsappell, den der Leser in Rom nicht überhören sollte! (LZ: L 3.4.2) – gekommen.

Das hört sich wie die Ankündigung einer der römischen Vergeltungs- und Strafaktionen an, deren Dringlichkeit durch die Übertreibung *omnibus fere bellis* (s. Meusel z. St.) unterstrichen wird; nur bei jahreszeitlicher Ungunst will Cäsar sich mit dem, was wir etwa „gewaltsame Erkundung" nennen würden, begnügen – vielmehr werde ihm das vollauf genug *(magno usui)* sein. Durch ein als Klimax gebautes Trikolon wird die Ersatzlö-

---

23 Wenn man nur an die Verlustquoten der antiken Seefahrt denkt. Vgl. Viereck, H. D. L.: Die römische Flotte. – Herford 1975, 157; in dem noch heute für die Kleinschiffahrt nicht einfachen Seegebiet des Ärmelkanals mußte das damals in den Planungen eine Rolle spielen (vgl. auch die Genugtuung: IV 36,3).

24 Vgl. dazu Hornig, G.: C. Iulius Caesar, Commentarii Belli Gallici – Erläuterungen zu Buch I–IV, Teil B: Lehrerkommentar. – Frankfurt/Berlin/Bonn 1965, 145.

25 Erst die Britannienkapitel des 5. Buches gehen, und dort umso ausführlicher, auf solche Dinge ein, so daß sich hier ein vielleicht ja nicht ungewollter Eindruck der Beiläufigkeit einstellen mag.

26 Zum Rheinübergang als strategischer „Vorstufe" zur Britannienfahrt vgl. Gesche, H. (Hrsg.): Caesar. (Erträge der Forschung, Bd. 51). – Darmstadt 1976, 100.

sung unterstrichen: Die strategische Alternative drängt sich in das Bewußtsein des Lesers und erfährt eine Aufwertung, so daß sich nun die Frage stellt: Strafaktion (Unterwerfung) oder Erkundung – Was wollte Caesar wirklich?

Unter dieser Leitfrage soll die Lektüre stehen.[27] Kritisches Interpretieren wird zeigen, wie Caesar unter dem Anschein völliger Objektivität gleichwohl ordnet und gewichtet. Im Gang der Lektüre soll die Einsicht aufgebaut werden, daß er als Politiker in Verfolgung eines natürlichen Interesses die Akzente in souveräner Weise so zu setzen weiß, daß sich beim Leser der Eindruck einer positiven Schlußbilanz einstellt, auch wenn der Erfolg hinter der Planung zurückbleibt (LZ: L 3.1; 3.4).

Der Beschluß zur Überfahrt war gefaßt, aber noch weilte Caesar am Rhein. Eben erst war angeordnet worden, die Brücke über den Strom abzubrechen. Seine Überlegungen gelten jetzt der neuen Operation. Und da brauchte er Informationen. Nur von Kaufleuten konnte er diese, wie er schreibt, erhalten.

20,4 Und so lud er Kaufleute von überall her zu sich, konnte aber trotzdem nichts in Erfahrung bringen, weder über die Größe der Insel noch auch über die Art und Größe der sie bewohnenden Völkerschaften noch auch über die Art ihrer Kriegsführung oder die politischen Verhältnisse, auch nicht, welche Häfen geeignet sein könnten, um eine größere Zahl von Schiffen aufzunehmen.

Eine Einladung zum römischen Proconsul, eine überraschende Vorstellung: Wie so etwas wohl technisch vor sich gegangen ist? Wir dürfen uns ausmalen, wie Kaufleute am Tor des römischen Heerlagers am Rhein eintreffen, absitzen und zum Praetorium des Feldherrn geleitet werden. –

---

27 Nach Richter (a.O., 116ff.), dem auch die Interpretation weitgehend folgt: ein mißglückter Eroberungsversuch, bei dessen Darstellung es auf „Entkräftung des möglichen Vorwurfs mangelnder cura und providentia“ (119) ankam. – In der althistorischen und biographischen Darstellung wird das Unternehmen des Jahres 55 v. Chr., soweit mir feststellbar war, als Vorstufe für die groß angelegte Unternehmung des nächsten Jahres angesehen, z. B. als „gewaltsame Rekognoszierung“ (Gelzer), als „Ouvertüre“ (Ch. Meier), als „Erkundungsvorstoß“ (Vogt, ähnlich Bengtson) – Beweis für die Langzeitwirkung von Caesars Darstellungskunst.

Vier Dinge möchte er wissen: (1) die Größe des Landes; (2) die Anzahl und die Größe der dort lebenden Stämme – beides wichtige Informationen für die Frage der Stärke des Landungskorps, mögliche Eindringtiefen und daraus folgende Nachschubfragen. Es sind Überlegungen, die in hohem Maße an Eroberungsabsichten denken lassen. Daß ihm (3) außer an Informationen über die Kriegstechnik auch an solchen über die „instituta“[28] gelegen war, versteht sich aus den Erfahrungen mit den gallischen Stämmen, von deren rom-freundlichen und -feindlichen Parteien immer wieder berichtet wird (LZ: G 3.7); (4) wichtig für ihn schließlich die Frage eines Hafens, um die für den Transport von Legionen nötigen Schiffe aufzunehmen.
Es sind also ganz naheliegende politische und militärische Kategorien, die herausgelesen werden können (LZ: G 3.2). Daß er nichts erfuhr, muß kein böser Wille sein – Kaufleute haben eben andere Interessen.[29]
Um dennoch zu den nötigen Entscheidungsdaten zu kommen, wird nun ein bewährter (III 5,2) Tribun, Volusenus, ausgewählt; denn ein bewaffnetes Aufklärungsunternehmen über See an fremde Küsten verlangt einen ganzen Mann, der selbständig zu handeln und zu entscheiden versteht. Ihm traut Caesar das zu: *idoneum esse arbitratus* – ein Zusatz, der aufhorchen läßt: Caesar weist allem Anschein nach voraus und stellt enttäuschte Erwartungen in Aussicht. Da ist es gut, wenn wir uns den umfassenden Charakter des Auftrags *(exploratis omnibus rebus,* vgl. *ad haec cognoscenda)* und die Begrenztheit der militärischen Möglichkeiten *(cum navi longa*[30]*)* klarmachen. Mit solchen Überlegungen läßt sich die Erwartung der Schüler aufbauen, bis sie dann (21,9) Caesars Urteil und (23,5) die Bedeutung der Volusenus-Fahrt erfahren (LZ: H 2.2).

28 *instituta* – die Wiedergabe („politische Verhältnisse“) im Hinblick auf VI 11,4.

29 Vgl. Meusel z. St., der wohl nicht zu Unrecht auch auf die Sorge vor italischer Konkurrenz hinweist.

30 *navis longa:* zu den technischen Details, auch zu Besatzung und Seesoldaten, vgl. die Berechnungen bei Viereck, a.O., 34f. und 65f.; daraus folgt, daß Volusenus etwa 120 Seesoldaten zur Verfügung gehabt haben kann; wenn er eine Liburne befehligte, aber erheblich weniger. Wenig überzeugend Meusel z. St.

Volusenus hat den Auftrag wohl noch im Rheinlager bekommen; denn erst 21,3 folgt Caesar mit dem Heere zur Kanalküste. Auf der Landkarte – sie gehört in jede Caesar-Stunde – sind es in der Luftlinie 400 km (MEUSEL z. St.), die zurückzulegen waren. Auf welche Weise das geschah, ob zu Schiff rheinabwärts oder marschierend – überflüssig zu sagen. Nicht deshalb, weil Caesars Leser es hätten wissen können – Gallien und Germanien waren für sie gewiß *terra incognita* –, sondern weil für ihn nur die neue Operation zählt (LZ: G 2.2.1–2.2.4). Damit unsere Schüler es sich vorstellen: MEUSEL rechnet „etwa 3 Wochen", Napoleon 17 Tage[31], so daß sich Gelegenheit ergibt, die durchschnittliche Marschleistung zu errechnen. Für Caesar hat das keinen Berichtswert; er sagt nur aufs knappste: *cum omnibus copiis in Morinos proficiscitur, quod inde erat brevissimus in Britanniam traiectus.*

Es gehört zu einem anschaulichen Unterricht, daß Namen von Einzelpersonen oder Völkern, die neu in die Handlung eintreten, auf ihre Vorgeschichte hin untersucht werden. Oft läßt sich damit eine das Interesse fördernde Erwartung aufbauen (LZ: L 1.3.1; 3.2.3). Wenn wir also die Schüler auf III 28/29 ansetzen (entweder durch Schülerreferat oder durch Lehrervortrag), fällt Caesars zielorientierte Kürze auf. Mit dem nächsten Satz wird schon die Aufmerksamkeit auf die Transporterflotte und damit auf die Britannienfahrt hin- und von der alten Rechnung abgelenkt, die es noch zu begleichen gab, seit im Vorjahr die Unterwerfung in der Abwehr der Moriner und im Herbstregen erstickt war. Galt das als gesühnt? Wir lassen die Frage am besten offen bis zum nächsten Kapitel; denn der Bericht wendet sich der Britannienfrage zu.

21,5 Inzwischen wurde seine Absicht bekannt und gelangte durch Kaufleute zur Kenntnis der Britannier. Darauf kommen von einigen Völkern dieser Insel Abgesandte zu ihm, die das Versprechen abgeben sollten, daß sie Geiseln stellen und die Herrschaft des römischen Volkes anerkennen wollten.

31 Für die Zeitberechnungen vgl. HORNIG, a.O., 134.

Ob nun die schiffbaulichen Aktivitäten an der Küste oder ob die Berichte der am Rhein befragten Kaufleute die Britannier beunruhigten, jedenfalls treffen in diesen Wochen, während der Proconsul Roms schon an der Küste weilt und die Vorbereitungen leitet, Gesandte der Inselkelten ein. Nicht von allen freilich *(a compluribus)*, und so reagiert er mit der Entsendung des Commius (21,7), um nach Möglichkeit weitere Stämme an sich zu binden. Daß Commius, in dem er einen respektierten Fürsprecher und Werber zu haben glaubt (21,8), scheitert, liegt nicht an seinem Abfall[32]; die Britannier bereiten ihm vielmehr das Schicksal der Verräter und „Quislinge", war er doch vorher von Caesar als Führer der Römerpartei bei den Atrebaten zum Stammeskönig von Roms Gnaden gemacht worden (LZ: G 3.5; 3.7). Das hatte sich herumgesprochen. Jetzt reist dieser Mann, dem bewegte Jahre bevorstehen, in diplomatischer Mission, was man sich nach 35,1 nicht zu schlicht vorstellen darf: Er war kein Einzelreisender, sondern begleitet von 30 Berittenen und also auch weiterem Gefolge.
Das nächste Kapitel nötigt dazu, daß man sich der noch unerledigten Rechnung mit den Morinern (s. o.) erinnert.

22,1 Während Caesar sich in dieser Gegend aus Gründen, die mit der Bereitstellung des Transportraums zusammenhingen, aufhielt, kamen von einem großen Teil der Moriner Abgesandte zu ihm, die sich wegen ihres Verhaltens im Vorjahr entschuldigen . . . und ein Versprechen abgeben sollten, daß sie in Zukunft seine Anordnungen befolgten.

22,2 Diese Entwicklung sah Caesar als für sein Vorhaben sehr vorteilhaft an, . . .

Es ist anzunehmen, daß die Anwesenheit Caesars im Stammesgebiet von den Morinern als bedrohlich empfunden wurde. So braucht die Gesandtschaft nicht zu überraschen, obwohl der Bericht *(dum!* Nicht etwa *cum historicum)* einen inneren Zusammenhang nicht erkennen läßt. Daß die Dedition der Moriner ihm sehr gelegen kam *(satis opportune accidisse arbitratus)*,

32 Caesar suggeriert selbst den Abfall: *quem sibi fidelem arbitrabatur;* da diese Entwicklung erst im letzten Kriegsjahr stattfindet, könnten die Worte an dieser Stelle als Indiz für die Endredaktion der Commentarii angesehen werden (Richter, a.O., 63 Anm. 32).

leuchtet unmittelbar ein. Für die Britannienfahrt kam mit ihr die Sicherung des Küstenlandes, wenigstens eines Teiles *(ex magna parte Morinorum),* und um sicher zu gehen, forderte er, wie üblich, Geiseln, während bei denen, die sich nicht unterworfen hatten, dasselbe durch militärische Besetzung (22,5) bewirkt werden sollte. Und wir fügen hinzu, daß er, hätte es keine Unterwerfung gegeben, nicht gezögert haben würde, so mit allen Gauen der Moriner zu verfahren. Es ging um Ruhe an der Küste während der Abwesenheit in Britannien.

Bis hierher folgt alles, wie es scheint, gewohnten Überlegungen, und das meint Caesar auch, wenn er sagt: *neque post tergum hostem relinquere volebat* (22,2). Erst die angeschlossenen zwei Begründungen, die er für die Geiselforderung anführt, machen hellhörig. Hier wird deutlich, daß er an eine Rechtfertigung denkt für den Vorrang, den er der Britannienunternehmung einräumt. Der Überfall der Moriner auf römische Truppen nach der Rückkehr (37,1) konnte – das ist eine naheliegende Vermutung – Kritikern Anlaß geben, die Frage zu stellen, ob vor Antritt der Fahrt genug getan worden war, Gefahren von seiten dieses gefährlichen, noch nicht unterworfenen Volkes vorzubeugen.[33] In diesem Zusammenhang muß man die beiden Begründungen für seine Geiselforderung, die er zusätzlich gibt, sehen (LZ: L 3.4ff.):

- *(quod) neque belli gerendi propter anni tempus facultatem habebat*
- *neque has tantularum rerum occupationes Britanniae anteponendas iudicabat,*

magnum iis numerum obsidum imperat.

(1) Wegen der vorgerückten Jahreszeit sei an einen Feldzug nicht mehr zu denken gewesen – damit rückt die Geiselgestellung an die Stelle einer Unter-

33 G. Veith rühmt Caesars „großzügige und planvolle Vorsorge zur Sicherung der Operationen“: ders.: Caesar als ‚Vater der Strategie‘. In: Rasmussen (Hrsg.): Caesar. – Darmstadt 1967, 375; es tut der Wahrheit dieses Urteils keinen Abbruch, wenn wir meinen, daß Caesar sich bei der Vorbereitung des ersten Britannien-Unternehmens unter Zeitdruck fühlte und auch die Schwierigkeiten unterschätzte (vgl. Richter, a.O., 122).

werfung *(bellum),* die selbst nicht mehr möglich gewesen wäre: Geiseln als Unterwerfungsersatz;
(2) danach die Rechtfertigung in offensiver Weise: im Vergleich zur britannischen Operation wird die Unterwerfung der Moriner für eine vergleichsweise geringfügige, wenig wichtige Sache erklärt und beiseite geschoben. Im Gegensatz zu *has tantularum rerum occupationes* (13 Silben mit dem abschätzigen Deminutivum) klingt das einfache „Britanniae" wie ein Appell an den Stolz der Römer.
Das eigentlich Notwendige, die Sicherung der Küste, wird verharmlost und durch den Ruf *Britanniae!* übertönt – der Leser soll in der Unternehmung die Verfolgung römischer Interessen sehen (LZ: L 3.4.2).

Aufschlußreich indessen, beinahe im Widerspruch zu *tantularum rerum,* Caesars Forderung nach einer großen (!) Zahl von Geiseln: *magnum numerum obsidum imperat* – daran ist abzulesen, wie Caesar selbst die Morinersituation dennoch einschätzte.
Insgesamt waren sie nicht unterworfen. Indem er eben das an unserer Stelle suggeriert (22,2: *quibus adductis eos in fidem recipit;* auch 37,1: *pacatos reliquerat)*, bürdet er alle Schuld den Morinern auf (18,1: *rebellio*) mit dem Vorwurf der *perfidia.* Labienus wird sie dafür strafen (38,2) (LZ: G 3.5).
Der Rechtfertigungsaspekt wirft auch auf die Worte, die die Moriner sprechen (22,1), ein Licht: *quod homines barbari et nostrae consuetudinis imperiti bellum populo Romano fecissent, . . .*
Es empfiehlt sich, die Stelle in direkte Rede umsetzen zu lassen, um so anhand eines einprägsamen Beispiels für die *oratio obliqua* (LZ: L 2.2) an die „Tendenz" der Darstellung heranzuführen. Daß die Moriner in Demutshaltung gegenüber dem römischen Imperator verharren, der mit der Macht von acht Legionen in ihr Gebiet eingedrungen ist, ist einleuchtend; wenn Caesar die Moriner sich selbst als Barbaren bezeichnen läßt, dient das der Unterstreichung ihrer „heimtückischen" Art (s. MEUSEL zu III 15,2) und verstärkt die vorangehende Argumentation.[34]

34 Vgl. auch SZIDAT, J.: Caesars diplomatische Tätigkeit im gallischen Krieg. Historia-Einzelschriften, 14. – Wiesbaden 1970, 117.

22,3/4: Die jetzt folgenden Angaben (80 Transporter und weitere 18 Schiffe für die Reiterei) schnell als bloße Übersetzung abzutun (Schwierigkeiten sprachlicher Art: Gerundivum mit *ad; tenebantur, quominus*), würde bedeuten, sich eine eindrucksvolle Möglichkeit zur Veranschaulichung entgehen zu lassen, was an technischen und organisatorischen Problemen gelöst werden mußte (LZ: G 2.2 und 2.3). Dabei kann man des Interesses der Schüler gewiß sein:

- Was waren das für Schiffe? Wie muß man sie sich vorstellen? Durch welchen „Antrieb" wurden sie fortbewegt?[35]
- Wieviele Legionäre pro Schiff? Wieviele Pferde?[36]
- Was mag *navium parandarum* bedeuten? (22,1) – Was mag da umzurüsten gewesen sein, um Legionäre oder Tiere an Bord nehmen zu können?
- Vorstellungen bzw. Überlegungen zu den mannigfachen Organisations- und Ladeproblemen: Was mußte eigentlich mitgenommen werden an Rüstung, an Waffen, an Nachschub bis hin zur Wasserversorgung während der Zeit der Überfahrt (LZ: H 2.1)?
- Probleme, die sich aus der während der Überfahrt drangvollen Enge an Bord ergaben, bis hin zu den Problemen von Hygiene und Sanitas – Was mußte bedacht werden (LZ: H 2.3)?

Dann, nach den schon erwähnten Maßnahmen der militärischen Besetzung (22,5/6), sind wir an Bord und unterwegs:

23,1 Als er nach diesen Maßnahmen günstige Wetterverhältnisse für die Überfahrt hatte, ließ er um die 3. Nachtwache die Anker lichten. Die berittenen Truppen bekamen den Befehl, sich zu dem jenseitigen Hafen in Marsch zu setzen, an Bord zu gehen und ihm nachzukommen.

23,2 Während von denen das etwas zu langsam durchgeführt wurde, erreichte er selbst etwa in der 4. Vormittagsstunde mit den ersten Schiffen Britannien und sah dort auf allen Höhen die feindlichen Truppen unter Waffen aufgestellt.

---

35 Vgl. Viereck, a.O., 123, 146f., auch 85f.; *naves longae:* es sind die im Vorjahr für den Veneterfeldzug gebauten (IV 21,4), die also in den Ärmelkanal verlegt wurden. Die allgemeine Situation damals, wie z. B. Zeitdruck (vgl. III 9,2: *celeriter*) und Probleme der Rekrutierung und der notwendigen Rojerausbildung lassen es als nicht sehr wahrscheinlich gelten, es habe sich um die personalstarken Triremen gehandelt; es werden Zweiruderer, Liburnen, gewesen sein, der Schiffstyp, der „später in der römischen Flotte einen legendären Ruf erlangen sollte" (Viereck, a.O., 34 und 36).

36 Vgl. Richter, a.O., 119 Anm. 8, der auch auf das Gepäck der Legionäre aufmerksam macht; Viereck, a.O., 85.

Es ist aufschlußreich, wie Caesar in einer für unser Gefühl dramatischen Situation die Gewichte verteilt (LZ: L 2.1). Die Überfahrt wird nur durch den Auslaufbefehl und durch die Ankunft an der feindlichen Küste deutlich *(solvit – attigit);* über die Fahrt wird kein Wort verloren: wo er nicht der Handelnde ist, da ist nichts der Erwähnung wert. Eine Phase, die den Feldherrn zur Inaktivität nötigt, ist nicht berichtswürdig. An der Stelle der Überfahrt berichtet er die Anordnungen für die Reiterei sowie auch deren Säumen. Die Konsequenzen werden fühlbar sein (26,5), genauso wie der nun unübersehbare Abwehrwille der Britannier. Was auf den Gang der Dinge Einfluß hat, was Caesars Pläne tangiert, nur das zählt.[37] Nach den Prädikaten ist in allem Caesar der Handelnde, sieht man von dem einen vorwurfsvollen Nebensatz ab: *constitutis – nactus – solvit – iussit – attigit;* selbst das ihn überraschende Bild der kampfbereiten Feinde ist Objekt seines Handelns *(conspexit):* man muß Caesars Blicken folgen – und sollte sich dabei der dramatisierenden Akzente *in omnibus* (!) *collibus expositas* (!) *hostium copias armatas* (!) bewußt bleiben.

Es ist lohnend und interessant, die Zeit für Stilanalysen (im Gegensatz zum parataktischen Stile hier vgl. den hypotaktischen im folgenden Kapitel) dranzugeben und Lernziele wie unter L 2.0 zu verfolgen, um der „scheinbar absichtslosen Darstellung und zugleich höchst raffinierten Deutung des Geschehens" nachzuspüren.[38]

Zum Kurs der Überfahrt: Der Gedanke an Calais (23,1: *brevissimus traiectus*) erfordert noch eine Richtigstellung. Da folgen die Schüler, die ja gern kombinieren, bereitwillig. Die Bezeichnung *portus ulterior* (23,1) für den der Kavallerie zugewiesenen Hafen weist auf Rom als Bezugspunkt, als quasi *umbilicus imperii* hin (vgl. *Gallia Ulterior*). Der *portus ulterior* muß also nördlich vom Ausgangshafen gesucht werden; so kommt man auf Boulogne als den Haupthafen und auf das rd. 10 km nördlich davon in einer Flußmündung gelegene Ambleteuse.

37 In diesem Sinn gilt auch hier, daß Caesar „nun einmal nicht formal-additiv, sondern kausal" erzählt: LATACZ, a.O., 80.

38 PRIESEMANN, G.: Entwurf einer allgemeinen Sprachtheorie. In: AU IV (1961) 5, 86.

Es sind die einzigen Hafenplätze in dieser Gegend, an einem von Nord nach Süd verlaufenden Küstenstrich gelegen, auf die Caesars Angaben passen. Und sie stimmen exakt. Damit verlängert sich die Überfahrtsstrecke gegenüber Calais–Dover um fast 50%, von 32 km auf 45 km (von 17 sm auf 24 sm). Der von Caesar angedeuteten Überfahrtszeit von rund 7–8 Stunden Dauer wird dadurch eine indirekte Bestätigung zuteil; denn eine Fahrtgeschwindigkeit von 3 Seemeilen in der Stunde entspricht ganz dem Wert, der auch sonst für die antike Seefahrt unter günstigen Fahrtumständen errechnet worden ist.[39]
Was Caesar nun beim Näherkommen erblickte, machte jede Hoffnung auf eine Landung ohne Kämpfe zunichte.

23,3 An dieser Stelle war die Küste so beschaffen und Klippen traten so dicht an das Meer heran, daß der Strand von oben aus beschossen werden konnte.
Da Caesar diese Stelle keineswegs für eine Landung für geeignet hielt, wartete er vor Anker bis zur 9. Stunde, bis die restlichen Schiffe sich hier einfänden.

Interessanterweise wird von Caesar als Begründung nur die geographische Lage beschrieben, so als ob sie ihm neu und vorher unbekannt gewesen wäre. Dabei besteht kein Zweifel, daß er eine diesbezügliche Kenntnis durch Volusenus gehabt haben muß, von dem er selbst sagt (21,9), er sei vier Tage fortgewesen. Nicht die Gestalt der Küste kann die Überraschung für ihn gewesen sein, sondern die Abwehrbereitschaft der Einwohner. Wozu hätte er sonst den Commius hinübergeschickt (21,7)?

23,5 In der Zwischenzeit berief er die Legaten und die Militärtribunen zusammen und teilte ihnen mit, einerseits was er von Volusenus erfahren hatte, und andererseits, was er selbst an Maßnahmen verwirklicht sehen wollte, . . .

---

39 Vgl. VIERECK, a.O., 28; die „günstigen Fahrtumstände" ergaben sich für Caesar, wenn er die Fahrt unter den Strömungsverhältnissen antrat, die mit der Stunde des Hochwassers (Flut) einsetzen. Das lehrt der Blick in die Strömungskarte, die HORNIG zu verdanken ist: C. Julius Caesar, Commentarii Belli Gallici – Erläuterungen zu Buch V–VIII, Teil B: Lehrerkommentar, Tafel II.

Der Kriegsrat auf der Reede von Dover[40] war die Reaktion auf die veränderte, nicht erwartete Lage. Was nun? Die Landung zu erzwingen, schied aus Caesars Überlegungen aus *(nequaquam idoneum locum arbitratus)*. Also Rückkehr nach Gallien? Oder Weiterfahrt entlang der Steilküste? Im letzteren Fall: nach Westen oder nach Nordosten?

Zur geographischen Lage vgl. die folgende Kartenskizze:

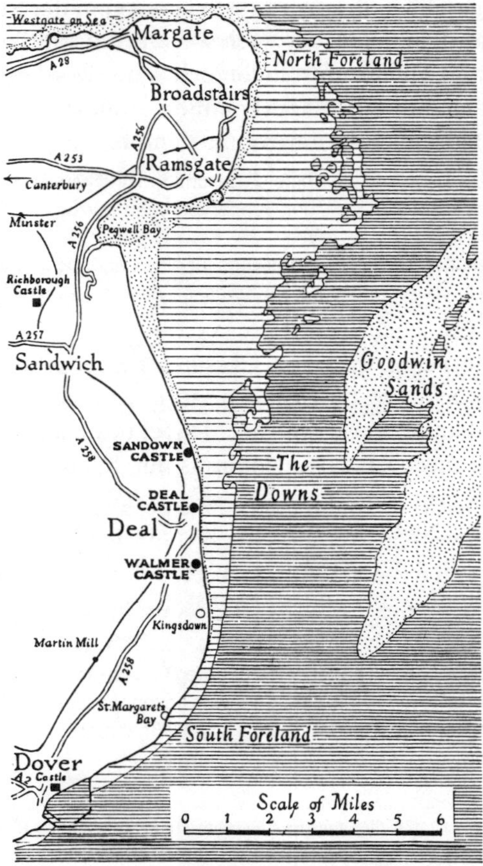

40 Wer kommt da an Bord, wer nimmt am Kriegsrat teil, was sind Militärtribunen, Legaten? Fragen, die in der Anfangslektüre zu klären sind (LZ: G 2.2.4).

Die Alternative ist ein Fehlschluß. Caesar wußte, daß 7 römische Meilen nordöstlich die weiße Steilküste in einen flachen, für eine Landung geeignet scheinenden Strand überging: *quae ex Voluseno cognovisset;* durch ihn muß er auch Kenntnis gehabt haben, daß mit der nächsten Flut (Hochwasser), wie abermals aus der Strömungskarte ersichtlich ist, eine äußerst starke Strömung die Schiffe längs der Küste nordwärts schieben würde, so daß er darauf setzen konnte, mit beschleunigter Fahrt in zwei Stunden, wenn nicht sogar früher, dorthin zu gelangen.[41] So sind Zeit und Fahrtrichtung ihm klar. Daher gibt es keine Unsicherheit, keine Beratung, kein Zögern: er kann dem Kriegsrat mitteilen, *quae fieri vellet.* Diese Zusammenhänge machen es auch leicht erklärlich, daß er nur bis zur 9. Stunde, also etwa 14–15 h warten will: das ist, rd. 12 Stunden nach der Abfahrt, wiederum die Stunde des Hochwassers. Bei dieser Zeitkalkulation gewann er den Vorteil einer zeitigen Landung noch am Nachmittag, daß nach dem Kampf das Lager noch bei Tageslicht errichtet werden konnte (was wenigstens zum Teil mit dem zeitraubenden Entladen der Transporter verbunden gewesen sein muß), und daß außerdem die Soldaten aus den beengten Verhältnissen an Bord erlöst wurden. Eine zweite Nacht ohne Schlafmöglichkeit für die Truppe und auch ohne technische Möglichkeiten für die Zubereitung einer warmen Mahlzeit[42] – das mußten für den Oberbefehlshaber sorgenvolle Vorstellungen sein (LZ: G 3.1; 3.2; H 2.3).

Für die den Kriegsrat abschließende *adhortatio* braucht man nicht zu zögern, sich an Hornigs Rat zu halten: „Einen solchen Satz gibt man den Schülern am besten selbst".[43] Die Stelle ist

41 Davon werden ihm keine keltischen Kapitäne erzählt haben – warum sollten sie? Diese Kenntnisse verdankt er Volusenus, der in vier Tagen bequem bis zur Themsemündung gefahren sein und Erfahrungen mit diesen Strömungsgegebenheiten gemacht haben kann. Anders urteilt Richter (a.O., 122), von dem aber darauf hingewiesen wird, daß die Volusenusfahrt „meist günstig" beurteilt wird (ebd. Anm. 12).

42 „Wegen des beschränkten Raumes (konnten) keine warmen Mahlzeiten eingenommen werden. Kriegsschiffbesatzungen kochten nur an Land ab." (Viereck, a.O., 21).

43 Hornig, a.O., 136.

geeignet, die oben (S. 29ff.) beschriebenen Probleme zu bestätigen.

23,5 (Ende) ... und er wies sie an, alle Maßnahmen, entsprechend den Forderungen der militärischen Routine, vor allem aber der Verhältnisse auf See, die sich schnell und unberechenbar entwikkeln könnten, auf sein Signal hin unverzüglich durchzuführen.

Unter den Bedingungen der Anfangslektüre wird es hier ohne starke Lehrerhilfe nicht abgehen. Abstrakta wie *rei militaris ratio, res maritimae, celer atque instabilis motus* erschweren mangels Anschaulichkeit die treffende Interpretation. Sprache und Inhalt sind hier gewollt, sie sollen den Leser an die außerordentliche Situation erinnern: die Besprechung nicht im gewohnten Praetorium, sondern auf den schwankenden Planken eines mit Türmen und Katapulten bewehrten römischen Linienschiffes – eine römische Flotte im Angesicht der Küste von Britannien. Man wird nicht fehlgehen, wenn man hier einen patriotischen Appell heraushört (LZ: L 3.4.2).
Im nächsten Satz dann wieder die gewohnte knappe Sachlichkeit. Dabei erscheint die Gunst der Strömung *(aestum)* und eines geeigneten Strandes *(aperto ac plano litore),* einem understatement gleich, so zufällig *(nactus!)* wie der günstige Segelwind, der mit dem Kentern des Stromes die Fahrt beschleunigt. Was im Bericht zählt, ist der Wille Caesars: *his dimissis – nactus – dato signo, sublatis ancoris – progressus – naves constituit,* „die denkbar knappste sprachliche Form"[44], die Entscheidungshintergründe werden ausgeklammert wie die Rolle, die Volusenus dabei gespielt haben muß (vgl. 21,9: *quaeque ibi perspexisset*).[45]
Auch hier kein Wort zur Fahrt selbst, entlang den hohen Kreidefelsen, bis das Steilufer, wie erwartet, sich senkt, um in eine gerade Strandlinie mit weitem, flachen Hinterland überzu-

---

44 Ders., ebd. (zu 23,2).

45 Zur Person des Volusenus vgl. Tschirky, J.: Spannende Caesarlektüre. In: AU V (1962), 5, 102ff., der aus den Nennungen des Namens eine „Kurzbiographie" erstellen zu lassen vorschlägt. Überraschenderweise fehlt bei ihm die in 21,9 geäußerte Kritik (vgl. dazu unten Anmerkung 54).

gehen (s. Abb. auf dem vorderen Vorsatzblatt); kein Wort auch zu dem stolzen Bild der rasch dahinfahrenden Flotte. Gerade weil Caesar solchen Eindrücken nirgends Raum gibt, muß der Lehrer auffüllen und der Anschauung Anstöße geben („Was würde auf dem Fernsehschirm zu sehen sein?"), um die Sache lebendig werden zu lassen. Es wäre zu wenig, wollte sich der Unterricht auf die bloße Übersetzungsarbeit beschränken.[46]

Caesars Blick gilt nur den Feinden (24,1), die auf der inneren Linie operierend schon zur Stelle sind und – ein schönes Beispiel für ein conatives Imperfekt – die Landung zu verhindern suchen.[47] Ab 24,2 stehen wieder Lernziele im Vordergrund, die Sprache und Stil betreffen. Der antithetische Bau der beiden Paragraphen, in denen die Schwierigkeiten bei der Landung dargestellt werden, erfordert eine Analyse, damit die eindrucksvolle Übereinstimmung von Inhalt und Form verstanden wird.[48] Die inhaltlichen Lernziele liegen dagegen vor allem im Inhaltsfeld „H": Für den Legionär ist es die Stunde der Bewährung (LZ: H 1.0; 2.2), „der längste Tag".[49] Darüber

46 *constituit:* Anscheinend war die Lösung des taktisch wichtigen Problems, die Transporter in der Ordnung der eingeschifften Einheiten nebeneinander an Land zu bringen, nicht gelungen: 26,1 kommt es deshalb zum Durcheinander.

47 Lassen wir die Schüler auch einmal Vermutungen anstellen, wie groß der Abstand von Bord zu Bord zweckmäßigerweise gewesen sein könnte: 120–130 Mann mußten von jedem Schiff im Zwischenraum watend landwärts sich bewegen können; auch: welche Ausdehnung bei 80 Transportern dann die gesamte Landungsfront gehabt haben könnte.
Wenn Denkanstöße solcher Art auch nur zu ungesicherten und oft laienhaften Vorstellungswerten führen können, sind sie dennoch geeignet, anschauliche Bilder zu erzeugen, auch Größenordnungen bewußt zu machen, Organisationsprobleme und Materialaufwand erahnen zu lassen. In dieser Bewußtmachung liegt der Wert. Natürlich muß dabei der spekulative Charakter herausgestellt werden. Dennoch wird die Motivation gefördert.

48 Hornig, a.O., 136–138; vgl. zu diesem wie auch den folgenden Kapiteln Römisch, E.: Didaktische Überlegungen zur Caesarlektüre. In: Haffter, E./Römisch, E.: Caesars Commentarii de bello Gallico. Interpretationen – Didaktische Überlegungen. (Heidelberger Texte – Did. Reihe, 4). – Heidelberg 1971, 60ff. Ebenso Maier, F.: Lateinunterricht zwischen Tradition und Fortschritt, Bd. 1. – Bamberg 1979, 213ff.

49 So der Titel von Film und Buch von C. Ryan über die Landung in der Normandie 1944. Hornig hat die Parallele gesehen: a.O. (oben Anm. 39), 20ff.: um die Landungssituation anschaulich zu machen, greift er auf Berichte aus dem 2. Weltkrieg zurück. Daran kann die existentielle Dramatik eindrucksvoll nachempfunden werden.

werden wir nicht versäumen, im sprachlichen Bereich auch den Wechsel der Benennungen *(hostes – barbari)* untersuchen zu lassen[50] (LZ: L 3.3).

25,1 Sobald Caesar das beobachtet hatte, gab er Befehl, daß die Kriegsschiffe, deren Anblick für die Barbaren ganz ungewohnt war und deren Antriebsart sie für den Einsatz unabhängiger machte, auf etwas Abstand von den Transportern gehen, dann Fahrt aufnehmen und beim ungedeckten Flügel der Feinde Aufstellung nehmen, daß dann die Feinde von dort aus mit Pfeil- und Schleuderbeschuß zurückgedrängt und vertrieben werden sollten.

Das Gebot der Anschaulichkeit muß bei solchen Abschnitten, die die Kritik am Schulautor Caesar herausfordern, auch der Übersetzung dienen (LZ: G 2.3). Veranschaulichung ist methodische Hilfestellung.[51] Wenn es nötig wurde, daß ein Manöver wie *paulum removeri* dem Stellungswechsel vorausging, müssen diese zunächst unmittelbar bei den Transportern gelegen haben, vielleicht um den an Land Watenden „Feuerschutz" zu geben, wovon jedoch nichts gesagt wird. Zum Anrudern muß nun ein gewisser Abstand für die ersten Riemenschläge hergestellt werden.

25,2 Und diese Maßnahme erwies sich als für die Unsrigen sehr vorteilhaft. Denn durch das Aussehen der Schiffe, durch den Riemenantrieb sowie durch die ungewohnte Art des Beschusses beeindruckt, hielten die Barbaren inne und wichen etwas zurück.

Der Erfolg der Maßnahme wird auf eine einfache Art psychologisch erklärt. Wenn der Text darüber hinaus nichts Bemerkenswertes zu bieten scheint, dann möge der Lehrer die Frage stellen, wieviel Zeit von Caesars Befehl bis zur erkennbaren Auswirkung *(pedem rettulerunt)* vergangen sein mag. Zu welchem Ergebnis solche Überlegung – man kann sie als ‚brainstorming' inszenieren – auch führt[52], es geht um Aufhellung im

---

50 Vgl. Meusel z. St.; auch Glücklich regt das an: C. Iulius Caesar – de Bello Gallico. Textauswahl mit Wort- und Sacherläuterungen, Arbeitskommentar mit Zweittexten. – Stuttgart 1977; vgl. hier Arbeitskommentar, 31.

51 Wie man sich römische Linienschiffe vorzustellen hat, kann man aus dem Buch von Viereck ersehen (vgl. Anm. 23).

52 Vgl. Anm. 47.

existentiellen Bereich, Einsicht in Leistung und Leid des einzelnen.[53] (LZ: H 2.3) Denn während jener Frist des Stellungswechsels ruhten ja nirgends Kampf und Kampfeslärm, überall suchten die in ihrer Rüstung steckenden Legionäre verbissen Halt in den Wellen,[54] . . .

semianimes alii vastum subiere profundum
hauseruntque suo permixtum sanguine pontum.
(Lucan, Pharsalia, III 576f.)

Der nächste Paragraph bietet Anlaß zur Behandlung des Lernzieles L 2.2:

25,3/4 Aber da unsere Soldaten (noch immer) zögerten, besonders wegen der Wassertiefe, rief der Adlerträger der 10. Legion nach einem kurzen Gebet, daß dieser Kampf für die Legion erfolgreich ausgehen möge –:

„Springt über Bord, Kameraden, wenn ihr den Adler nicht den Feinden überlassen wollt! Ich wenigstens will gegenüber unserem Staat und unserem Feldherrn meine Pflicht erfüllt haben!"

Und als er das mit lauter Stimme gerufen hatte, schwang er sich über die Bordwand und schickte sich an, den Adler den Feinden entgegenzutragen.

Auch bedeutende Textabschnitte bleiben nicht selten hinter der erhofften Wirkung zurück, weil unsere Schüler sich noch schwer tun, den Text zu erschließen. Das gilt auch hier bei den ernsten und strengen Worten, die Caesar (in der ersten direkten Rede des Werkes) einen Adlerträger in pathetischer Stilisierung ausrufen läßt. So wird der Lehrer nachhelfen müssen, um dem Lernziel näher zu kommen:

– Warum berichtet Cäsar das und warum in direkter Rede? (Er hat es doch sicher nicht selbst gehört.)

---

53 Vgl. MUNDING, H.: Caesarlektüre aus der Sicht des ‚kleinen Mannes' (vgl. Anm. 19).

54 Am Strand von Walmer-Deal hat auch heute der Badegast Mühe *consistendi in fluctibus:* es handelt sich nicht um festen Boden, sondern um einen Grund von rundgeschliffenen Kieseln, der die Füße einsinken läßt – um wieviel eher bei einem durch die Rüstung beschwerten Körpergewicht! Außerdem fällt der Boden rasch zur Tiefe ab (vgl. 25,3). Vielleicht geht die Vermutung nicht fehl, daß es die unvorhergesehenen Schwierigkeiten dieser Art waren, die Caesars Unzufriedenheit mit Volusenus auslösten, hatte er doch eine für die Landung bedeutungsvolle Behinderung nicht festgestellt, weil er nicht *navibus egredi auderet* (21,9).

– Durch welches Gefühl, welche Empfindungen wird die Handlungsweise des Adlerträgers ausgelöst? (Beachte auch den Gebrauch des Futur II!)

Mit der so erreichten Dramatisierung des Berichts, die auch, wenn man will, einen ersten Blick auf die Ideologie römischer Geschichtsschreibung mit ihrem exempla-Denken freigibt, wird eine Wendung des Geschehens eingeleitet: die Soldaten fühlen sich beschämt und springen in voller Zahl *(universi)* über Bord (LZ: L 3.2.2; 3.4.3; G 3.1; 3.3; H 2.2 und 2.6).

Nicht die Härte des Kampfes interessiert Caesar (LZ: H 2.4) – dafür hat er nur fünf Wörter übrig: *pugnatum est ab utrisque acriter;* er zieht die Aufmerksamkeit auf eine neue gefährliche Entwicklung, bis durch ein taktisches Manöver, die Entsendung von Verstärkungen an gefährdete Stellen mit Hilfe der Kleinfahrzeuge, die erfolgbringende Wende von ihm selbst ausgelöst wird (LZ: L 3.4.3).

Auf die Struktur der Peripetie im Bellum Gallicum hat W. GÖRLER aufmerksam gemacht[55], und ihr Grundzug zeigt sich an dieser Stelle: scheinbar objektiv registriert der Bericht die zunehmend kritische Lage der Römer, die dann aber durch das Eingreifen Caesars stabilisiert und entschieden wird. Sein Handeln ist es, wodurch die Wende ausgelöst wird: Dramatisierung der Kampfentwicklung und Rettung durch den Feldherrn persönlich.

Doch verliert der Bericht deshalb nicht seine kühl wirkende Sachlichkeit (man stelle sich vor, er sei in der 1. Person statt in der 3. geschrieben[56] (LZ: L 2.4)), informiert über den römi-

---

55 GÖRLER, W.: Ein Darstellungsprinzip Caesars – Zur Technik der Peripetie und ihrer Vorbereitung im Bellum Gallicum. In: Hermes 105 (1977) 3, 307–331, wo jedoch diese Stelle unter den Beispielen nicht genannt wird. Siehe zu dieser Peripetie neuerdings MAIER, F.: Caesar redivivus. In: Information aus der Vergangenheit. Schule und Wissenschaft. Klassische Sprachen und Literaturen (hrsg. von NEUKAM, P.) Bd. XVI. – München 1982, 174ff.

56 Ein anregender Gedanke ebenfalls GÖRLERS: Die Veränderung des Erzählerstandpunktes in Caesars Bellum Gallicum. In: Poetica, 8 (1976) 2, 100; aus seiner Untersuchung können für die Interpretation und das Verständnis neue Kategorien gewonnen werden, z. B. für das Nebeneinander der 1. und 3. Person in der Kapitelfolge 27ff.

schen Angriff und Erfolg, um abschließend wie beiläufig *(neque!)* zu bemerken, daß der Sieg unvollendet bleibt, *quod equites cursum tenere atque insulam capere non potuerant.* Die Landestelle hatte Caesar dank Wind und Strömung zeitig am Tag erreicht; nun fehlen ihm schnelle Reiter, auf die er aus guten Gründen vor Dover nicht hatte warten wollen. Mag deren Ausbleiben nun auf ein Umschlagen des Windes (so MEUSEL z. St.), auf die veränderten Strömungsverhältnisse oder gar beides zurückzuführen sein, er verliert kein Wort des Vorwurfes (vgl. 23,2), stattdessen nur die wohl mit leiser Resignation gesetzten Worte: *hoc unum ad pristinam fortunam Caesari defuit,* sogleich indessen aufgefangen durch die Einleitung des 28. Kapitels: *Hostes proelio superati* – die Landung ist geglückt, der Feind geschlagen (LZ: L 3.2.3; 3.4.3). Auch die weiteren Paragraphen rechtfertigen unsere Aufmerksamkeit (LZ: G 3.3; 3.5). Es folgt die Kapitulation der Kelten, verbunden mit einer Bemerkung über Commius, der jetzt wieder freigekommen war.

27,4 Nach dem Kampf ließen sie ihn (sc. Commius) nun zurückkehren und schoben, als sie um Frieden baten, die Schuld für diese Sache (sc. seine Einkerkerung) auf das Wollen des Volkes und baten wegen ihrer Unklugheit um Vergebung.

Wie wird Caesar reagieren? Ein Jahr zuvor hatte er wegen desselben Völkerrechtsbruchs den Anlaß für eine Strafexpedition gesehen (III 9,3). Er geht darauf, wie wir überrascht feststellen, nicht ein, nimmt die Entschuldigung also an.[57] Statt der erwarteten Reaktion folgen Vorwürfe anderer Art (27,5). Wenn man will, kann man in dieser Anordnung der Dinge wohl so etwas wie Ablenkung sehen: wo seine militärische Situation nicht stark genug ist, um zu strafen, lenkt er durch Vorwürfe *(questus)* ab:

27,5 Caesar führte darüber Klage, daß sie trotz der Tatsache, daß sie von sich aus Gesandte auf den Kontinent geschickt und ihn um Frieden gebeten

57 Auf die Unklarheit des völkerrechtlichen Status des Commius verweist RICHTER, a.O., 121 Anm. 11.

hätten, ohne Grund den Krieg angefangen hätten, sagte dann aber, daß er ihnen ihre Unklugheit verzeihen wolle, und er forderte von ihnen die Stellung von Geiseln.

Auch das klingt vergleichsweise milde. Die Erklärung könnte sehr wohl in der Tatsache liegen, daß er es, wie schon angedeutet, vorzog, – mit nur zwei Legionen, ohne Kavallerie und auf einer Insel so gut wie abgeschnitten – sich zwar imperial im Auftreten, aber in der Sache taktierend zu verhalten. Zu einer Reaktion gewohnten Zuschnitts und zu einer Kriegsführung *ad pristinam fortunam* (26,5) waren die Voraussetzungen nicht günstig. Umso bemerkenswerter der jetzige Vorwurf, die Britannier hätten doch von sich aus *(ultro)* die Unterwerfung angeboten. Damit wird ihnen pauschal ein Vertragsbruch *(perfidia)* unterstellt. Ob aber diesen Stämmen das vorgeworfen werden kann, bleibt im Dunklen. Es wäre denkbar, daß die Abwehr der römischen Landung anderen Stämmen zuzuschreiben war, die sich nicht vorher unterworfen hatten (21,5: *a compluribus civitatibus*). Sein Schuldvorwurf trifft alle. Und damit nicht genug, es wird der *perfidia*-Vorwurf aufgenommen und vertieft: von den *principes,* die zu ihm ins Lager gekommen waren, heißt es, daß sie den Plan faßten zu einer *rebellio* (30,2). Hier häufen sich die Begriffe von Heimlichtuerei und Hinterhältigkeit: *rursus* (!) *coniuratione* (!) *facta paulatim* (!) *ex castris discedere et suos clam* (!) *ex agris deducere coeperunt.* So verstärkt sich im Ablauf der Dinge beim Leser der Eindruck, daß erst durch das perfide Verhalten der Britannier die Kämpfe zur vollen kriegerischen Entfaltung gebracht worden seien.
So werden Akzente gesetzt, um – im Sinne unserer Leitfrage – dem Unternehmen den Charakter eines Feldzuges wider Willen, einer sozusagen verhinderten Erkundungsfahrt zu geben. Die Interpretation der bis Kap. 36 noch anstehenden Kapitel liefert Indizien, aus denen sich folgern läßt, daß dieser erste Griff nach Britannien den eigentlich erhofften Erfolg nicht gezeitigt hat.[58]

58 Vgl. Richter, a.O., 123f.

Wilfried Olbrich

Ein mittelalterlicher Paralleltext zur Caesar-Lektüre
Aus: Geoffrey of Monmouth, Historia Regum Britanniae

Caesars Expeditionen nach Britannien erfreuen sich im Lektüreunterricht großer Beliebtheit, und das mit Recht. Eine bewegte und doch überschaubare Handlung, ein zur Veranschaulichung geeigneter Stoff, eine exemplarische Darstellung – all das sind Vorzüge, die viele Lateinlehrer gerne zu diesem in sich geschlossenen Komplex greifen lassen. ADOLF CLASEN weist an anderer Stelle dieses Buches auf seine Ergiebigkeit hin und erläutert die Sequenz im einzelnen[1], so daß sich weiteres erübrigte, gäbe es nicht eine kaum bekannte Kontrastdarstellung derselben Ereignisse, die den Unterricht nicht unwesentlich bereichern kann. Sie sei daher hier kurz vorgestellt.
Nach der sorgfältigen Lektüre und Interpretation der ersten Expedition (BG IV 20–36) erhalten die Schüler den folgenden Text zur Übersetzung, und zwar zunächst ganz ohne zusätzliche Sachinformationen.

1. Der Text

Gaius Iulius Caesar navigium suum parat prosperosque ventos expectat . . . Optato igitur vento instante, erexit vela sua et in ostium Tamensis fluminis cum exercitu suo applicuit. Iamque rates tellurem appulerant: ecce Cassibellaunus cum tota fortitudine sua occurrit et, ad Dorobellum oppidum veniens, ibi consilium cum proceribus regni inivit, qualiter hostes longius arceret. Aderat secum Bellinus, princeps militiae suae, cuius consilio totum regnum tractabatur. Aderant etiam duo nepotes sui, Androgeus videlicet, dux Trinovantum, et Tenuantius, dux Cornubiae, tres quoque reges subditi sibi, Cridiocus Albaniae, et Gueithaet Venedotiae, atque Brithael Demetiae. Qui, ut ceteros in affectum pugnandi induxissent, consilium dederunt ut recenter castra Caesaris adirent et, antequam civitatem aliquam sive oppidum cepisset, ipsum

1 CLASEN, A.: Der Griff nach Britannien. – In diesem Band, S. 27ff.

expellere insisterent. Nam, si sese infra munitiones patriae immisisset, dicebant eum difficilius expellendum, cum sciret ubi se et commilitones suos reciperet. Assensum igitur praebentes cuncti petierunt littora quibus Iulius castra et tentoria sua erexerat. Ibi, dispositis in utraque parte catervis, dextram cum hostibus commiscuerunt, pila pilis, et ictus ictibus objicientes. Nec mora, hinc et inde corruunt vulnerati, telis infra vitalia receptis. Manat tellus cruore morientium, ac si repentinus auster absorptum mare revomuisset . . .
Denique, plurima parte diei emensa, irruentibus Britonibus strictis turmis et audaces impetus facientibus victoria favente Deo provenit et Caesar sese infra castra et naves, laceratis Romanis, recepit. Deinde nocte illa, resociatis ceteris, naves suas intravit et Neptunum pro castris habere laetatur. Cumque sibi dissuasissent socii proelia diutius ingerere, adquiescens monitionibus eorum reversus est in Galliam.
Cassibellaunus, ob receptum triumphum laetus grates Deo solvens, socios victoriae suae convocavit et quemque iuxta meritum probitatis maximis muneribus donavit.[2]

2. Übersetzungshilfen[3]

Tame(n)sis, -is: die Themse – applicare, -avi oder -ui: landen, anlegen – rates = naves – proceres, -um: die Vornehmsten, die Anführer – qualiter = quomodo – videlicet: nämlich – subditus, -a, -um: untergeben, ergeben – affectus pugnandi: Kampfesstimmung – recenter: sofort, unverzüglich – infra = intra – commilito, -onis: Kampfgefährte – assensus, -us: Zustimmung – tentorium, -i: Zelt – catervae = copiae – dextram commiscere: „handgemein werden“, aneinandergeraten – nec mora: erg. est – vitalia, -ium: die lebenswichtigen Teile des Körpers – auster, -stri: (hier allg.) Sturm – absorbēre, -ui:

2 Geoffrey of Monmouth (Galfredus Monumetensis): Historia Regum Britanniae (c. 56 = IV 3). Text zitiert nach:
Faral, Edmond: La Légende Arthurienne. Études et Documents. Bd. 3. – Paris 1929, 127 ff. mit Auslassungen.
Die Kenntnis des Textes verdanke ich der vorzüglichen Facharbeit eines Kollegiaten im Leistungskurs Latein:
Wild, H.: Die „Historia Regum Britanniae“ des Galfredus von Monmouth – Mittelalterliche Geschichtsdeutung und römische Vorbilder. – Manuskript München 1979.

3 Die Vokabelhilfen sind verhältnismäßig zahlreich, um die Übersetzung zu beschleunigen. Der Text läßt sich in drei Stunden bewältigen, den Vergleich mit Caesar eingeschlossen. Wer mehr Zeit zur Verfügung hat, könnte aber auch die Schüler ganz ohne Übersetzungshilfen, allein mit Hilfe des Wörterbuchs arbeiten lassen, eventuell auch in Gruppen. Gerade weil zu diesem mittellateinischen Text noch keine Schulausgabe oder deutsche Übersetzung greifbar ist, kann er zu intensiver Wörterbucharbeit motivieren, auf die ja im Rahmen der Anfangslektüre besonderer Wert gelegt werden sollte.

verschlingen, aufsaugen – revomĕre, -ui: wieder ausspeien, von sich geben – strictis turmis: in geschlossenem Verband – resociare: sich wieder anschließen, wiedervereinigen – Neptunus = mare (Metonymie) – ingerere: ausdehnen – adquiescere: beipflichten, recht geben – grates solvere = gratias agere – iuxta meritum: nach Verdienst

3. Der Autor

Je weiter die Übersetzung voranschreitet, umso größer wird die Verwunderung der Schüler. Hier ist ja fast alles anders, von der ungehinderten Landung Caesars bis zu seiner eindeutigen Niederlage! Die Frage nach dem Autor läßt sich während der Übersetzung nur mühsam zurückhalten, und die Vermutung, daß es sich nicht um einen Römer handeln kann, wird aufgrund der eindeutig britannischen Perspektive zur Gewißheit. Tatsächlich stammt diese Darstellung aus der *Historia Regum Britanniae* des englischen Historikers – oder sollte man ihn lieber Erzähler nennen? – *Geoffrey of Monmouth,* latinisiert *Galfredus Monumetensis,* geboren um 1100 in Wales als Sohn einer normannischen Siedlerfamilie, gestorben im Jahre 1155. Seine Schilderung der Frühzeit Englands in 12 Büchern (vollendet 1136) ist hochbedeutsam wegen der hier erstmals ausführlich behandelten Zeit König Arthurs und seiner Nachfolger. Galfredus wurde damit zum eigentlichen Begründer der literarischen Artus-Tradition. Auch die Geschichte vom König Lear und seinen drei Töchtern findet sich hier zum ersten Mal. Ein höchst folgenreiches Werk also, voller Anregungen für die Dichter![4]

---

4 Vgl. Tatlock, John Strong Perry: The Legendary History of Britain. Geoffrey of Monmouth's Historia Regum Britanniae and its early vernacular versions. – Berkeley/Los Angeles 1950. –
Diese umfassende Studie zu Geoffrey beginnt mit dem Satz (S. 3): „Geoffrey of Monmouth's Historia Regum Britanniae ist one of the most influential books ever written, certainly one of the most influential in the middle ages."
Vgl. auch: Langosch, K. (Hrsg.): König Artus und seine Tafelrunde. Europäische Dichtung des Mittelalters. – Stuttgart: Reclam 1980, bes. 5ff. und 705ff.

Als geschichtliche Darstellung der römischen Okkupation Britanniens dagegen ist es wertlos, wie schon der zitierte Ausschnitt in aller Deutlichkeit zeigt. Allzu großzügig wird mit der Wirklichkeit umgegangen, willkürliche Erfindungen und Umdeutungen, die aus Niederlagen Siege machen, lassen ein tendenziös gefärbtes Geschichtsbild entstehen. Patriotisches Wunschdenken verdrängt die historische Wahrheit.
Eben deshalb aber kann Galfredus für die Caesar-Lektüre fruchtbar werden. Im genauen Vergleich seiner Fassung mit der Caesars erschließen sich dem Schüler Züge, die ohne diesen Kontrast kaum so deutlich würden.

4. Der Vergleich mit Caesar

Der Vergleich setzt beim Tatsächlichen an. Während Caesar seine Vorbereitungen detailliert schildert (IV 20–22), beschränkt sich Galfredus auf das Allernötigste: *navigium parat – prosperos ventos expectat – erexit vela.* Die Landung erfolgt gänzlich problemlos in der Themsemündung – nichts von Steilklippen, die ein Anlegen verhindern, nichts von kampfbereiten Kriegern, die die Römer bereits erwarten (IV 23). Stattdessen ein eingehender Kriegsrat unter Führung des Cassibellaunus, den Caesar erst im zweiten Feldzug als britannischen Anführer vorstellt (V 11). Die Beratung endet mit dem Beschluß zum unverzüglichen Angriff. Ein einziges heftiges Gefecht entscheidet alles, und zwar selbstverständlich für die Britannier. Caesar wird noch persönlich gedemütigt (der Abschnitt ist oben ausgelassen[5]), indem er im Kampf gegen Nennius, den tapferen

5 Bei einem Zeitansatz von drei Stunden für Übersetzung und Auswertung des Paralleltextes darf dieser keinesfalls länger sein. Doch sei die ausgelassene Stelle hier zur Information des Lehrers nachgetragen:
Concurrentibus ergo adversis catervis, obtulit casus Nennium et Androgeum cum Cantuaricis et civibus urbis Trinovantum, quibus praesidebant, agmini quo imperator aderat. Ut ergo convenerunt, paene dissipata fuit imperatoria cohors, Britonibus densa acie invadentibus. Et cum mixtim ictus ingeminarent, dedit casus aditum Nennio congressum cum Julio faciendi. Irruens ergo in illum Nennius ultra modum laetatur se

Bruder des Cassibellaunus, sein Schwert verliert. Mit diesem Schwert tötet Nennius eine große Anzahl Römer, unter ihnen den Labienus[6], bevor er selbst an den empfangenen Wunden stirbt. Caesar ergreift eilig die Flucht, während Cassibellaunus seinen Triumph genießt und seine Getreuen großzügig beschenkt.

Der Zug zur drastischen Vereinfachung des Geschehens ist unübersehbar. Ihm fallen die Ortsveränderungen bei Caesar ebenso zum Opfer wie die naturbedingten Schwierigkeiten, mit denen die Römer zu kämpfen hatten, vor allem der schwere Sturm, der die Flotte beschädigt (IV 28f.). Statt mehrerer Gefechte verschiedener Art gibt es nur noch einen alles entscheidenden Kampf, der in der Gestalt des Helden Nennius personalisiert wird, so wie Cassibellaunus die Personifizierung des gesamten Widerstands der Britannier ist. Von Verhandlungen und von Geiseln ist natürlich nicht die Rede, dies folgt zwingend aus der Gesamtkonzeption dieser Darstellung.

Daß Caesar bei Galfredus keineswegs die außergewöhnliche Führerpersönlichkeit ist, als die er in den Commentarii auf Schritt und Tritt erscheint, nimmt nicht wunder. Auffällig ist aber doch seine Entschlußlosigkeit und Abhängigkeit von seinen Beratern: *cumque sibi dissuasissent socii . . ., adquiescens monitionibus eorum reversus est in Galliam.* Demgegenüber

posse vel solum ictum tanto viro ingerere. Quem Caesar, ut impetum in se facientem aspexit, praetenso clypeo excepit et, quantum vires permiserunt, cum nudato ense ipsum super cassidem percussit. Erecto iterum gladio, voluit exsequi primum ictum, ut letiferum vulnus imprimeret. Quod cum Nennius calluisset, interposuit clypeum suum, in quo mucro Julii, a casside maximis labens viribus, inhaesit, ita ut, cum irruentibus turmis diutius congredi nequirent, ipsum imperator extrahere non potuisset. Nennius ergo, gladium Caesaris praedicto modo adeptus, abjecit suum, quem tenuerat, et abstracto altero in hostes irruere festinat. Quemcumque cum ipso percutiebat, vel ei caput amputabat vel ipsum sauciatum praeteribat, ita ut nulla spes vivendi in eo maneret. Illi tandem in hunc modum saevienti obviavit Labienus tribunus, sed in primo congressu ab eo interemptus est.

6 In Wirklichkeit ist T. Labienus, Caesars *legatus pro praetore* im gesamten gallischen Krieg, auf dem Festland zurückgeblieben. Er fällt erst im Jahre 45 in der Schlacht bei Munda. Es handelt sich offensichtlich um eine Namensverwechslung mit dem von Caesar V 15 erwähnten Q. Laberius Durus, wie sie sich übrigens schon bei Beda Venerabilis findet.

spielt Cassibellaunus seine Führungsrolle souverän; er organisiert den Widerstand, ihm sind die anderen *proceres* hörig, *subditi,* und er ist es, der schließlich Gott dankt[7] und die Belohnungen verteilt.
Dieser inhaltliche Vergleich hat im Unterricht sicher den Vorrang; doch auch eine Gegenüberstellung der sprachlichen und gestalterischen Mittel Caesars und Galfredus' ist aufschlußreich. Dabei sind weniger die geringfügigen Abweichungen von den Normen der klassischen Syntax und Lexik von Bedeutung als die Verlagerungen im Bereich des Stils. Wörter mit eher poetischer Konnotation wie *rates, tellus, vitalia* ersetzen die gängigeren Begriffe, allgemeinere die spezielleren (*catervae* statt genauerer Bezeichnung der Truppenteile, *ceteri* in störender Unbestimmtheit). Überhaupt ist Galfredus' Erzählstil von unbekümmerter Vagheit bis hin zur Widersprüchlichkeit. Cassibellaunus eilt dem Feind mit aller Entschlossenheit entgegen *(occurrit)* – und hält stattdessen ausführlichen Kriegsrat in Dorobellum. Caesar zieht sich nach der Niederlage *infra castra et naves* zurück. Und geht dann doch erst nachts an Bord, nachdem alle versprengten Römer wieder eingetroffen sind.[8]
Am deutlichsten wird der Unterschied zu Caesar bei der Schilderung der Schlacht. Man vergleiche dazu BG IV 26. Dort wird der Kampfverlauf in all seinen Phasen unerhört dicht in der Informationsfülle, aber gleichzeitig in äußerster Klarheit nachgezeichnet. Bei Galfredus bleibt davon nur die Aussage des allgemeinsten Satzes übrig: *pugnatum est ab utrisque acriter.* Diese aber führt er in klischeehafter Manier aus, wobei es ihm vor allem um die Schockwirkung des blutigen Gemetzels zu tun ist: *manat tellus cruore morientium.* Und damit nicht genug, läßt er darauf einen hyperbolischen Vergleich folgen, der ebenso ausgefallen wie mißlungen ist: *ac si repentinus auster*

7 Der Singular *deo* (hier und bei *deo favente*) statt des zu erwartenden Plurals wird von den Schülern übrigens rasch als Indiz für einen christlichen Autor erkannt.

8 Diese Deutung ergibt sich bei der im Mittellateinischen üblichen Gleichsetzung von *infra* und *intra* (vgl. im Text *infra munitiones* und *infra vitalia*). Doch wäre hier auch *infra = inter* denkbar, was den Widerspruch auflösen würde.

absorptum mare revomuisset. Gerade dieses Bild aber macht deutlich, was Galfredus beabsichtigt: den erzählerischen Effekt, der auch vor dem Trivialen nicht zurückscheut. Patriotische Heldenverehrung und grelle Unterhaltung stützen und verstärken sich gegenseitig – eine Mischung, für die sich auch in anderen Zeiten und Literaturen zahlreiche Beispiele finden ließen.

Es würde zu weit führen, den Vergleich noch auf weitere Textpartien des Galfredus auszudehnen; auch wäre es für den Unterricht kaum mehr ergiebig, da die bereits gewonnenen Ergebnisse nur noch unwesentlich modifiziert werden könnten.[9] Doch muß wenigstens in kurzen Zügen der weitere Verlauf der Auseinandersetzung zwischen den Römern und den Britanniern skizziert werden, so wie Galfredus ihn erzählt. Bei ihm kommt Caesar erst nach zwei Jahren wieder auf die Insel, wird erneut vernichtend geschlagen und zieht sich nach Gallien zurück, wo er sich in einem Turm vor den Aufständen der Gallier verschanzt: *turrim in refugium sibi aedificaverat, ut rebelli populo resistere valuisset* (c. 60 = IV 7). In Britannien aber führen Zwistigkeiten zwischen Cassibellaunus und Androgeus, dem Führer der Trinovanten, zu einem Hilfeersuchen des letzteren an Caesar, der tatsächlich einen dritten Britannienfeldzug unternimmt. Diesmal gelingt es ihm, Cassibellaunus in die Enge zu treiben, nicht aber, ihn wirklich im Felde zu besiegen, was Galfredus zu dem hymnischen Ausruf veranlaßt: *O admirabile tunc genus Britonum, qui ipsum bis in fugam propulerint, qui totum orbem sibi submiserat! Cui totus mundus nequivit resistere, illi etiam fugati resistunt, parati mortem pro patria et libertate subire* (c. 62 = IV 9). Auf Vermittlung des Androgeus kommt es zum Waffenstillstand. *Iulius cepit a Cas-*

9 Am dankbarsten wäre noch c. 55 ≈ IV 2 mit einem warnenden Brief des Cassibellaunus an Caesar, der dessen erster Überfahrt vorangeht. Sein Tenor erinnert sehr an die berühmten „Barbarenreden“ der römischen Historiker: „*Miranda est, Caesar, Romani populi cupiditas: qui, quicquid est auri vel argenti sitiens, nequit nos infra pericula Oceani extra orbem positos pati, quin census nostros appetere praesumat, quos hactenus quiete possedimus.*“

sibellauno concordiam, cum vectigali singulis annis reddendo. Die den Britanniern auferlegte Tributpflicht ließ sich schließlich doch nicht ganz verschweigen. Aber Galfredus bemüht sich, diesem Zugeständnis die Bitterkeit zu nehmen, indem er den ganzen Krieg noch ein gutes Ende nehmen läßt, und zwar durch ein Freundschaftsbündnis der bisherigen Gegner: *Exin amici facti ad invicem Iulius et Cassibellaunus mutua donaria alter alteri dederunt* (c. 63 = IV 10).

5. Die Quellen

Woher hat Galfredus diese abenteuerliche Darstellung der Britannienfeldzüge Caesars? Die Frage nach den Quellen wäre eine genauere Untersuchung wert, die aber in diesem Rahmen nicht geleistet werden kann. Einige knappe Hinweise mögen stattdessen genügen.
Leider läßt sich die Hauptfrage, ob Galfredus Caesars Kommentare überhaupt im Original gekannt hat, nicht schlüssig beantworten.[10] Während sich etwa die Kenntnis Vergils und Lucans bei Galfredus leicht nachweisen läßt, gibt es im Falle Caesars weder ein Zitat noch eine eindeutige Anspielung. Doch muß er zumindest den von Caesar dargestellten Sachverhalt gekannt haben, so wie ihn einer seiner wichtigsten Gewährsmänner, *Beda Venerabilis,* im 2. Kapitel seiner *Historia ecclesiastica gentis Anglorum* im ganzen unverfälscht referiert.[11] (Beda stützt sich dabei seinerseits ganz auf *Orosius' Historia adversus paganos,* VI 9.) Während sich Galfredus mehrfach ausdrücklich auf Beda beruft, ist die Benützung der anonymen *Historia Britonum* des 7. Jahrhunderts – *Nennius* hat sie im 9. Jahrhundert bearbeitet – nur indirekt erschließbar, aber doch sicher.[12] Aus ihr dürfte die Erfindung von Caesars drittem

10 Während FARAL (vgl. Anm. 2) die Kenntnis Caesars bei Geoffrey bezweifelt, hält TATLOCK (vgl. Anm. 4) sie für nachweisbar.

11 Beda Venerabilis: Historia Ecclesiastica Gentis Anglorum. – Patrologia Latina (Migne), Bd. 95.

12 Historia Britonum. In: Monumenta Germaniae Historica auct. ant. Bd. 13 (ed. THEODOR MOMMSEN).

Britannienfeldzug stammen: *gestum est bellum tertio juxta locum qui dicitur Trinovantum* (HB 20). Auch die Namen *Dorobellum* und *Bellinus* finden sich schon dort, wenn auch in anderer Form und Funktion: *Dolobellus* ist in der *Historia Britonum* nicht Orts-, sondern Personennamen: *apud Dolobellum, qui erat proconsul regi Britannico* (HB 19). Und Bellinus ist dort eben dieser König. Doch auch wenn sich noch weitere Einzelheiten aus den Quellen herleiten lassen, so dürften doch die entscheidenden Veränderungen und vor allem die eindeutige Tendenz der Erzählung bei Galfredus sein eigenes Werk sein. Dies bestätigt uns schon *Theodor Mommsen,* wenn er über ihn in schöner Untertreibung schreibt: *scripsit historiam regum Britanniae, indigenarum fabulas suo ingenio exornans.*[13]

6. Der didaktische Gewinn

Gerade die eigenständige patriotische Tendenz dieses Textes aber ist es, die ihn im Rahmen unserer Caesar-Lektüre als Kontrast didaktisch interessant macht. Galfredus will mit der Begeisterung für die Heldentaten der Vorfahren, die sich dem mächtigsten Volk der Erde und seinem größten Feldherrn siegreich widersetzten, den Stolz und das Selbstwertgefühl der Zeitgenossen stärken. Wie gewaltsam er sich zu diesem Zweck die historische Realität zurechtbiegt, ja sie schlechthin fälscht, dies zu beobachten ist für die Schüler eine fast schockierende, aber wertvolle Erfahrung. Man könnte freilich einwenden, daß bei einer solchen ausschnitthaften, punktuellen Gegenüberstellung von Caesar und Galfredus letzterem Unrecht geschieht. Ohne Zweifel kommen dabei die anderweitigen literarischen Verdienste dieses „liebenswerten Fabulierers“ (KARL LANGOSCH) zu kurz. Und gewiß läßt sich im Lateinunterricht der zeitliche und geistige Hintergrund dieser Art fiktionaler

13 Ebd. 23 (Einleitung zur Historia Britonum).

„Geschichtsschreibung“ im Mittelalter nicht angemessen aufzeigen. Der Vergleich im Unterricht muß notgedrungen verkürzen, am Text Gewalt anwenden, auf die historische Perspektive weitgehend verzichten. Dennoch ist er didaktisch gerechtfertigt. Allein die Kenntnisnahme von zwei so grundverschiedenen Überlieferungen desselben geschichtlichen Vorgangs vermittelt dem Schüler exemplarisch die Erfahrung der Relativität aller Historiographie, ihrer Abhängigkeit von den Interessen des Autors. Die Caesar-Lektüre allein könnte diese Erfahrung niemals so drastisch vermitteln. Freilich wirkt die an Galfredus gewonnene Einsicht auch auf die Einstellung der Schüler gegenüber Caesar zurück. Obwohl seine Darstellung als die wahrheitsgetreuere erkannt wird, ist das Vertrauen auch in seine Objektivität erschüttert. Hat er denn immer *sine ira et studio* die Wahrheit berichtet, nichts verschwiegen oder zu seinen Gunsten gefärbt? Diese skeptische Frage verstummt von nun an nicht mehr. Der Galfredus-Exkurs hat die Schüler ein wenig kritischer gemacht – keine schlechte Voraussetzung für ihre weitere Beschäftigung mit Geschichtsschreibung!

Hermann Keulen

Politisches Denken bei der Caesar-Lektüre in der 10. Klasse*

Das erste Kapitel des Helvetier-Krieges I 2

1. Didaktische Überlegungen

Das Für und Wider, ob Caesar als erster lateinischer Schriftsteller gelesen werden soll oder nicht, reißt in der Diskussion nicht ab.[1] Die Argumente beider Seiten sind bekannt und wiederholen sich. Um dem Vorwurf zu entgehen, einen unzeitgemäßen militaristischen Schriftsteller zu lesen, der uns seitenweise nichts als stereotype Schlachtenberichte und eindrucksvolle Kriegsepisoden in einer obendrein schwierigen Sprache zumutet, hat man einen wenig überzeugenden Ausweg gesucht: die Auswahl der Lektüre solle sich auf besonders fesselnde und spannende Darstellungen[2] fremder Länder und Sitten konzentrieren, solle abenteuerliche Begebenheiten, Wagnis und Heldentaten römischer Unterführer, Gestalten wie Ambiorix und Indutiomar berücksichtigen.[3]
Späterer Lateinbeginn sowie starke Kürzung des Stundendeputats im gesamten sprachlichen Bereich der Mittelstufe verschieben neuerlich den Lektürebeginn in beängstigender Weise in eine Klassenstufe, die andere Sorgen haben sollte.[4]

---

* Geringfügig geänderter Beitrag, der erstmals veröffentlicht wurde in: Festschrift 150 Jahre Burggymnasium Essen. – Duisburg 1974, 53 ff.

1 Krüger, M.: Die Caesar-Lektüre in der heutigen Schule. In: AU I (1952) 4, 65 ff.; Krüger, M./Hornig, G.: Methodik des altsprachlichen Unterrichts. – Frankfurt 1963², 63 f.; Ludwig, W.: Die lateinischen Schulautoren. In: MDAV XII (1968) 1, 7.

2 Tschirky, I.: Spannende Caesarlektüre. In: AU V (1962) 5, 94 ff. – Vgl. den Protest gegen die stereotype Anhäufung kriegsgeschichtlicher Belanglosigkeiten bei Benn, G.: Leben ist Brückenschlagen (Knaur-Tb. 85). – München 1965, 118 ff.

3 Ahrens, E.: Lateinausbildung im Studienseminar. – Frankfurt 1966², 75; Krüger, a.O., 69.

4 Zum Lateinunterricht in der Mittelstufe vgl. neuerdings Maier, F.: Der lateinische Lektüreunterricht auf der Sekundar-Stufe I. In: Fachdidaktisches Studium in der Lehrerbildung. Alte Sprachen, Bd. 2 (hrsg. von Gruber, J./Maier, F.). – München 1982, 63 ff.

Es erscheint daher fraglich, ob ein Schüler der 10. Klasse (bei L 2) tatsächlich ein so großes Interese hat an einer abenteuerlichen Welt mit exotischen Menschen und Tieren und nicht vielmehr ein sich entwickelndes politisches Bewußtsein oder zumindest ein Bestreben entwickelt, politische Ereignisse oder historische Prozesse zu durchschauen und die Motivationen ihrer Akteure zu erkennen.[5] Eine solche Lektüre politisch relevanter Texte steht thematisch natürlich in vielem dem nahe, was das junge Fach der Politischen Bildung will.[6] Durch diese Konkurrenz sollte sich der altsprachliche Unterricht jedoch nicht entmutigen lassen, wenn auch er mit seinen Schülern antike Texte mit politischen Sachverhalten studiert.

Das methodische Problem bei einer derart betriebenen Lektüre liegt darin, eine Mitte zu finden zwischen dem notwendigerweise verfolgten Zweck des Lesenlernens im Sinne eines handwerklichen Bewältigens des Textes mit allen nüchternen und auch einmal langweilig wirkenden Aufgaben des Übersetzens einerseits und der Interpretation andererseits. Aber nur so kann es gelingen, den Hintergedanken eines Autors und zumal eines Politikers „auf die Schliche zu kommen“: spannend und erkenntnisreich zugleich. Hier liegt eine unmittelbare Motivierung zur genauen sprachlichen Analyse eines lateinischen Sat-

5 Glücklich, H.-J.: Das erste Buch des „Bellum Gallicum“ im Schulunterricht. In: AU XV (1972) 5, 44ff., bes. 45; Munding, H.: Politische Bildung und Caesar-Lektüre. In: ebd. 26ff.; vgl. ferner Mickel, W.: Lehrpläne und politische Bildung. – Neuwied 1971, 106ff.; Giesecke, H.: Didaktik der politischen Bildung. – München 1971[6], 43ff.; Behr, W.: Strukturprobleme der politischen Bildung. In: Aus Politik und Zeitgeschichte, Beilage zur Wochenzeitung „Das Parlament“, B 5 (1973) 25ff. Neuerdings sind heranzuziehen Jaide, W.: Achtzehnjährige – Zwischen Reaktion und Rebellion. – Opladen 1978. In: Die Einstellungen der jungen Generation zur Arbeitswelt und Wirtschaftsordnung 1979 (hrsg. vom Jugendwerk der Deutschen Shell). – Hamburg 1980; Hofmann, F.: Wie sinnlos ist die Sinnlosigkeit! In: Anregung 27 (1981) 220ff.

6 Vgl. dazu die gute Übersicht bei Mickel, W.: Curriculumforschung und politische Bildung. In: Aus Politik und Zeitgeschichte, B 19 (1971) 29ff. – Die fachspezifischen Probleme einer politischen Bildung als Unterrichtsprinzip können an dieser Stelle nicht erörtert werden. Hierfür sei verwiesen auf Nickel, R.: Politische Bildung im altsprachlichen Unterricht? In: Didactica 4 (1970) 262ff.; ders.: Altsprachlicher Unterricht. – Darmstadt 1973, 28ff.; Lühr, F.-F./Krüger, J.: Probleme politischer Bildung im altsprachlichen Unterricht. In: AU XXIV (1981) 2, 5ff. und Maier, F.: Politische Bildung in den Alten Sprachen: Problemlage. In: Fachdidaktisches Studium in der Lehrerbildung. Alte Sprachen, Bd. 2, 210ff.

zes. Daß dies ein zeitraubendes Unterfangen ist, steht außer Frage. Möglichst viel aus Caesar zu lesen, ist auf die Dauer ohnehin nicht zu halten.[7]

2. Interpretationslinien

Liest man unter dem oben genannten Gesichtspunkt das Bellum Gallicum, dann gibt es nur wenige Stellen, die so aufschlußreich sind wie das erste Kapitel des „Orgetorix-Dramas"[8] zu Beginn des ersten Buches (I 2).[9] Nachdem Caesar Gallien, den Schauplatz des geschichtlichen Geschehens, beschrieben hat, beginnt er recht unvermittelt mit der Erzählung des *bellum Helvetiorum.*

Daß die Helvetier ein besonders tapferes Volk sind, ist von Caesar bereits im Zusammenhang mit der schreckhaften Vorstellung über die Germanen gesagt (I 1,4: *Helvetii reliquos Gallos virtute praecedunt, quod fere cotidianis proeliis cum Germanis contendunt).* Welche Gefahr also für Rom, falls dieses Volk statt gegen die Germanen, statt nach Norden oder Osten etwa nach Gallien und auf das Interessengebiet der Römer seine Aufmerksamkeit und Tatkraft richten sollte!

„Apud Helvetios longe nobilissimus fuit et ditissimus Orgetorix. Is M. Messalla M. Pisone consulibus regni cupiditate inductus coniurationem nobilitatis fecit et civitati persuasit, ut de finibus suis cum omnibus copiis exirent: perfacile esse, cum virtute omnibus praestarent, totius Galliae imperio potiri" (I 2,1/2).[10] –

---

7 Grundsätzliche Ausführungen dazu bei JÄKEL, W.: Methodik des altsprachlichen Unterrichts. – Heidelberg 1962, 207ff.

8 WILSING, N.: Die Praxis des Lateinunterrichts, Bd. 2. – Stuttgart 1964², 63. Die Bezeichnung „Orgetorix-Drama", von WILSING verwendet, erscheint reichlich pathetisch.

9 Zur Sache vgl. HOFFMANN, W.: Zur Vorgeschichte von Caesars Eingreifen in Gallien. In: AU I (1952) 4, 5ff.; JÄKEL, W.: Der Auswanderungsplan der Helvetier. In: ebd. 40ff.; GELZER, M.: Caesar. Der Politiker und Staatsmann. – Wiesbaden 1960⁶, 92ff.; OPPERMANN, H.: Caesar. In: KREFELD, H. (Hrsg.): Interpretationen lateinischer Schulautoren. – Frankfurt 1968¹, 27ff.

10 Zur Interpretation wurden besonders herangezogen FRÄNKEL, H.: Über philologische Interpretation am Beispiel von Caesars Gallischem Krieg. In: Wege und Formen

Bei den Helvetiern gab es jemanden, dem Adel und Reichtum eine überragende Stellung verliehen: Orgetorix. Zwei Superlative, ihrerseits noch einmal gesteigert durch *longe,* unterstreichen die Bedeutsamkeit der Mitteilung, an deren Ende als dem eigentlichen Ziel des Satzes einprägsam der Name genannt wird. Aus den Attributen geht hervor, daß es bei den Helvetiern also eine Art aristokratischer Herrschaftsform *(nobilissimus)* gab, die ergänzt wird durch ein gewisses Geldadelssystem *(ditissimus).* Daß ein Spitzenvertreter dieses Adels die Alleinherrschaft anstrebt, ist begreiflich, und so zettelt Orgetorix auch wirklich eine Adelsverschwörung an *(coniurationem nobilitatis fecit).* Oligarchisch beherrschte Stämme kämpften offensichtlich untereinander um die Macht in Gallien.[11] Man könnte dies als eine belanglose innere Angelegenheit der Helvetier abtun, würde der Satz nicht in beunruhigender Weise fortgeführt. Jeder weitere Wortblock macht das Vorhaben des Orgetorix bedrohlicher: *civitati persuasit:* die gesamte Bürgerschaft, nicht allein der Adel steht hinter ihm; *de finibus suis:* der Plan greift über die Landesgrenzen der Helvetier hinaus; *cum omnibus copiis exirent:* der Inhalt des Plans, die Auswanderung des ganzen Volkes mit Kind und Kegel!
Daß dies Unterfangen mühelos und mit leichter Hand *(perfacile)* durchgeführt werden kann, dafür gibt der *cum*-Satz mit seiner Berufung auf die überlegene – und bereits bekannte – Tapferkeit der Helvetier die Begründung *(cum virtute omnibus praestarent).*[12] Der Kausalsatz ist aber vor allem die Begründung dafür, daß man das letzte Ziel mühelos erreichen kann:

---

frühgriechischen Denkens. – München 1960, 294ff., auch in: RASMUSSEN, D. (Hrsg.): Caesar = WdF 43. – Darmstadt 1967, 165ff., bes. 176ff.; JÄKEL, Auswanderungsplan a.O., 45ff.; SZIDAT, J.: Caesars diplomatische Tätigkeit im Gallischen Krieg = Historia, Einzelschrift 14. – Wiesbaden 1970; SCHÖNBERGER, O.: Caesar, Dumnorix, Diviciacus. In: Anregung 17 (1971) 378ff.; ders.: Politisches Denken bei der Caesar-Lektüre. In: DASIU XX (1972) 2, 2ff.; GLÜCKLICH, a.O., 50ff.; HERING, W.: Caesar und Orgetorix. In: Wiss. Zs. der Univ. Rostock 12 (1963), 221ff. S. u. 131ff.

11 Vgl. MOREAU, J.: Die Welt der Kelten. – Stuttgart 1971, 85ff.; DEMOUGEOT, E.: Artikel „Gallia I". In: RAC 8 (1971) 822ff.

12 Vgl. dazu HAFFTER, H./RÖMISCH, E.: Caesars Commentarii de bello Gallico = Heidelberger Texte, Didaktische Reihe 4. – Heidelberg 1971, 55ff.

die Herrschaft über ganz Gallien *(totius Galliae imperio potiri)*.

Welch ein Rattenfänger! Persönlicher Ehrgeiz, seine Macht bis zur Königsherrschaft zu steigern *(regni cupiditate inductus)*, ist die Triebkraft für die Volksbewegung großen Ausmaßes. Auch bei der Gesamtheit des Volkes wird das Machtstreben als Motiv des Handelns in Anspruch genommen. Wie irrational es bei dieser Mobilisierung zugegangen sein muß, das belegt das Verbum *persuadere:* Orgetorix redet sein Vorhaben dem ganzen Volk ein. Argumentiert und überzeugt wird nicht.[13] Die demagogische Schmeichelei, die das keltische Selbstbewußtsein, als dessen Grundlage die besondere Tapferkeit genannt war, übersteigert, tritt dabei unverhohlen zutage; den Helvetiern wird der Wechsel auf eine große Zukunft ausgestellt: man werde die Herrschaft über ganz Gallien an sich reißen. Als Gipfel bewußt an das Ende des Satzes gestellt, aufgehoben zunächst, hinausgeschrien zuletzt: das Ziel eines machtgierigen Menschen. Unüberhörbar das bekannte: „Ich führe euch herrlichen Zeiten entgegen!" Zu Beginn die Machtgier, am Ende das imperialistische Ziel.

Als begünstigende Momente für die Agitation werden Umstände angeführt, die vom privaten Ehrgeiz des Orgetorix unabhängig sind:

Id hoc facilius persuasit, quo undique loci natura Helvetii continentur: una ex parte flumine Rheno latissimo atque altissimo, qui agrum Helvetium a Germanis dividit, altera ex parte monte Iura altissimo, qui est inter Sequanos et Helvetios, tertia lacu Lemanno et flumine Rhodano, qui provinciam nostram ab Helvetiis dividit. His rebus fiebat, ut et minus late vagarentur et minus facile finitimis bellum inferre possent; qua ex parte homines bellandi cupidi magno dolore afficiebantur. Pro multitudine autem hominum et pro gloria belli atque fortitudinis angustos se fines habere arbitrabantur, qui in longitudinem milia passuum CCXL, in latitudinem CLXXX patebant (I 2,3/5).

---

13 Daß in dieser Art undemokratischen Vorgehens außer den Sequanern und Haeduern (I 3,4/5) weitere vier Völker (I 5,4) „verplant" werden, sei ergänzend erwähnt.

Was ist nun aber der Grund dafür, daß die Helvetier sich so leichten Herzens zur Auswanderung überreden ließen? Daß eine Notwendigkeit hinter diesem Plan stehen könnte, erscheint bei Caesar ganz nebenbei, wenn auch nicht ohne Gewicht durch den indikativischen Kausalsatz: die geographische Lage mit der daraus resultierenden Enge und Bedrängnis *(quod undique loci natura continentur)*. Das Gebiet bietet den Helvetiern keine Ausdehnungsmöglichkeit nach irgendeiner Seite *(undique)* aufgrund der natürlichen örtlichen Gegebenheiten *(loci natura)*: unabänderliche territoriale Beengtheit also. Diese natürliche Lage wird mit Namen geschildert, sachlich verdeutlicht, mit Zahlen präzisiert. Die Grenzen werden durch Elative charakterisiert: unüberwindlich der Rhein wegen seiner großen Tiefe und Breite *(latissimus et altissimus)*, unüberwindlich desgleichen das Jura-Gebirge wegen seiner Höhe *(mons altissimus)*; Rhône und Genfer See, die natürliche Abgrenzung gegenüber der römischen Provinz, sind keines Beiwortes wert. Das muß seine Gründe haben!
Die Sicherheit der Nachbarn gegenüber der Angriffslust der Helvetier *(homines bellandi cupidi)* nimmt also ab: ungeschützt durch natürliche Hindernisse ist offensichtlich die römische Provinz. Der künftige Konflikt klingt hier an und hier wird er auch zu lokalisieren sein. An offener Flanke droht Rom Gefahr. Caesar macht sich nun aber keineswegs die Ansicht zu eigen, die Helvetier seien etwa ein „Volk ohne Raum" *(H. Grimm)*. Die territoriale Beengtheit wird nicht von ihrer wirtschaftlichen Seite her spürbar; Caesar sagt nicht etwa: sie konnten sich nicht das Ackerland hinzuerwerben, das sie zur Ernährung und zum Überleben ihres Volkes brauchten. Mithin kann Mangel auf diesem Gebiet auch kein zwingender Grund zur Auswanderung gewesen sein. Das geographische Moment wird vielmehr als dem kriegerischen Charakter der Helvetier widerstrebend hingestellt: *his rebus fiebat, ut . . . minus facile finitimis bellum inferre possent.* Das geographische Faktum wird also nicht einfach für sich genommen und in seiner eigenen Richtung

entwickelt, sondern es wird einem Motiv untergeordnet, das als gefährliches Leitmotiv für alles genommen wird, was die Helvetier tun: ihr kriegerischer Charakter. Folgerichtig bedingt die geographische Lage und die geringe Größe ihres Gebietes auch nicht materielle Not, sondern psychischen Notstand *(magno dolore afficiebantur),* da sich der Kriegstrieb *(homines bellandi cupidi)* nicht ausleben kann und die geographische Isolation daher unerträglich macht.

Wenn auch nicht so sehr die Volkszahl *(multitudo hominum)* im modernen Sinn als Hauptgrund für die Auswanderung anzusehen ist, noch, wie wir sahen, materielle Schwierigkeiten, noch der fast tägliche Kriegsdruck der Germanen (I 4: *fere cotidianis proeliis cum Germanis contendunt*), was muß dann dem oben erwähnten Leitmotiv als ausschlaggebendes Movens noch hinzuaddiert werden? Einem so zahlreichen Volk wie den Helvetiern fehlt, nach ihrer eigenen Meinung, ein angemessener Lebensraum und ein repräsentatives Gebiet als Symbol ihrer Macht, näherhin als Symbol ihres Kriegsruhmes: *pro multitudine autem hominum et pro gloria belli atque fortitudinis angustos se fines habere arbitrabantur.* Daher betont Caesar mit allem Nachdruck, die Helvetier meinten – ganz subjektiv (sprachlich hervorgehoben durch die exponierte Stellung von *se* in der Sperrung *angustos se fines*) –, ihr Gebiet sei zu klein, das doch immerhin – und hier richtet sich der indikativische Relativsatz nun gegen die Helvetier und entlarvt sie – rund 360 km lang und 270 km breit war.[14]

Imperalistische Machterweiterung, die ein ihrer Bevölkerungszahl wie auch ihrem Kriegsruhm angemessenes und repräsentatives Territorium verschaffen soll, ist mithin die treibende Kraft für alle Aktionen expansiver Politik der Helvetier. – Caesars Darstellung führt uns also Gründe für die Auswanderungsbereitschaft der Helvetier vor.

---

14 Zu den Zahlenangaben vgl. den Kommentar von Kraner, F./Dittenberger, W./ Meusel, H.: C. Iulii Caesaris Commentarii de Bello Gallico. – Berlin 1961[19] (Nachdr. Darmstadt 1968) 87f.; Tschirky, a.O., 97; Glücklich, a.O., 50f.

Dabei erkennt man sogleich, wieso der Plan als Ergebnis einer Überredung zum Zwecke imperialistischer Macht- und Gebietserweiterung so leicht *(quo facilius persuasit)* zur Durchführung kommen konnte. Der persönlichen Machtgier des Orgetorix muß etwas Verwandtes in seinem Volk korrespondiert haben: eine innere Unruhe und Unzufriedenheit. Und Orgetorix hat ja in der Tat deshalb mit seiner leichtfertig ausgegebenen Parole „Die erste Stelle in Gallien“ einen so großen Anklang gefunden, weil die Helvetier unzufrieden waren oder er ihnen diese Unzufriedenheit mit ihrem Land hat einreden können.

Die innere Struktur dieser Textaussagen läßt sich in folgender Strukturskizze verdeutlichen:

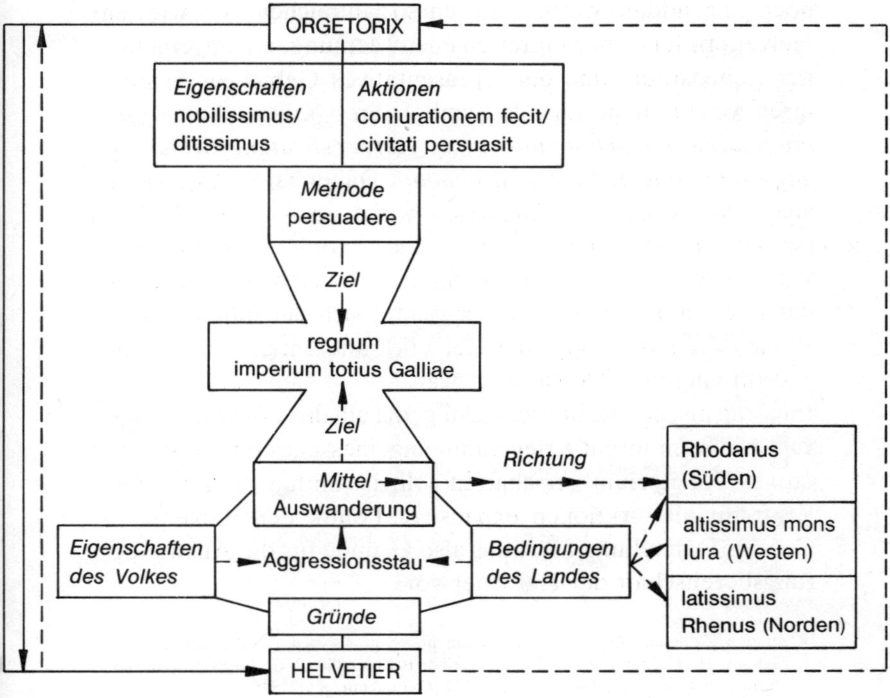

3. Pädagogischer Gewinn

Wir haben im ersten Kapitel des *bellum Helvetiorum* demnach ein Musterbeispiel für einen Demagogen und ein nahezu ideales Publikum für diesen Volksverführer sowie ein Paradigma fast topischer Prägung politischer Rede.[15]

Ob freilich Orgetorix wirklich so gewesen ist und ob Caesars Darstellung der historischen „Wahrheit" in allen Punkten entspricht, ist schwer zu sagen.[16] Man wird auch für den wahren Grund des helvetischen Auszuges nach anderen Ursachen suchen dürfen und müssen, als sie Caesar anführt. Die Interpretation wird also zwischen dem zu unterscheiden haben, was Caesar als Schriftsteller[17] darstellt, und dem, was vielleicht historische Wirklichkeit war. Daß beide Bereiche völlig auseinanderfallen müssen, d. h. daß Caesar bewußt die Wahrheit verfälscht, ist damit nicht behauptet. Caesar ist als Schriftsteller und Politiker vielmehr darauf bedacht, eine im einzelnen sorgfältig vorbereitete Wirkung zu erzielen. Die elementaren Fakten und Faktoren (z. B. geographische Angaben) werden nicht mechanisch wirksam, sondern durch Gefühl und Intellekt. Entsprechend dem Darstellungswillen Caesars werden

---

15 Zu diesem Problem, das uns heute mit besonderer Schärfe zu Bewußtsein kommt, vgl. Brüggemann, W.: Didaktische Reflexionen zur politischen Sprache. In: Gesellschaft, Staat, Erziehung 17 (1972) 4, 217ff. Diesen Ansatz verfolgt bei Caesar Klinz, A.: Schlagwort und Propaganda. Ihre Bedeutung bei der Caesarlektüre. In: AU XVII (1974) 1, 85ff.; weitere Literatur zum Gesichtspunkt der Tendenz und Propaganda bei Kroymann, J.: Caesar und das Corpus Caesarianum in der neueren Forschung: Gesamtbibliographie 1945/70. In: Temporini, H. (Hrsg.): Aufstieg und Niedergang der römischen Welt, Bd. 1, 3. – Berlin 1973, 483f.

16 Vgl. hierzu Collins, J. H.: Propaganda, Ethics and Psychological Assumpts in Caesar's Writings. – Diss. Frankfurt 1952; Knoche, U.: Caesars Commentarii, ihr Gegenstand und ihre Absicht. In: Gymn. 58 (1951) 139ff.; Oppermann, H.: Neuere Forschungen zur Glaubwürdigkeit Caesars. In: Gymn. 68 (1961) 258ff.; Walser, G.: Caesar und die Germanen = Historia, Einzelschrift 1. – Wiesbaden 1956. Hyperkritische Ansicht bei Rambaud, M.: L'art de la déformation historique dans les Commentaires de César. – Paris 1966²; ders.: Esquisse d'une stratégie de César . . . In: L'information littéraire 9. – Paris 1957, 54ff., 111ff.; vgl. die Literaturangaben bei Kroymann, a.O., 483f.

17 Adcock, F.: Caesar als Schriftsteller. – Göttingen 1962².

die allgemeinen Gegebenheiten nach der jeweiligen Perspektive, in der sie erscheinen sollen, zurechtgerückt. Dabei erweist sich Caesar, der „Geschäftsführer des Weltgeistes" (HEGEL)[18], als ein wirklicher Meister vollendeten Stils.[19] Tatbestand und erwünschte Wirkung sind aufs klarste in ihm[20]: le style est de l'homme même (BUFFON). Die Tatsachen liegen zwar außerhalb des Menschen, der Stil kommt vom Menschen selbst. – Liest man das erste Kapitel unter den genannten Gesichtspunkten, so kann die Lektüre höchst ertragreich sein und mithelfen, die oft gehörte Ansicht zu widerlegen, im Lateinunterricht lerne man nichts „für das Leben" oder gar „für das moderne Leben". Wer die behandelte Stelle als Schüler einmal mit wirklichem Verständnis gelesen hat, wird ein Urteil über Demagogie wenigstens in Umrissen gewonnen haben.

---

18 HEGEL, G. W. F.: Vorlesungen über die Philosophie der Geschichte, Bd. 11, 59ff. (400 Glockner).

19 SEEL, O.: Caesar-Studien. In: AU X (1967), Beih. 1, 11ff. Verkürzte Sicht Caesars bei HOWALD, E.: Vom Geist antiker Geschichtsschreibung. – München 1944 (Nachdr. Darmstadt 1964) 120: „Caesar will um der Sache willen gelesen werden, nicht um der Form."

20 JÄKEL, Auswanderungsplan, a.O., 47.

Werner Rinner

Erfassen der Tendenz in Caesars Bellum Gallicum

Die Darstellung des Dumnorix – ein Beispiel manipulierter Information?

1. Didaktische Überlegungen

Zu verschiedenen Zeiten hat man im Werk des C. Julius Caesar auf jeweils Verschiedenes Wert gelegt: stand vor der Jahrhundertwende der militärische Aspekt im Mittelpunkt, versuchte man in unserer Zeit die Commentarii Caesars einerseits auf ihren historischen Wahrheitsgehalt und Wert mehr oder weniger kritisch zu überprüfen,[1] andererseits seine Leistung als Schriftsteller zu untersuchen.[2] – Im Zeitalter der sogenannten Massenmedien stellt sich aber auch immer mehr das Problem der Unterscheidung zwischen Information und Beeinflussung, sowie der Erkenntnis des Punktes, in dem beides miteinander vermengt ist, d. h. wo der Autor Tendenz zum Ausdruck bringt. Ein zeitgenössischer Text ist bei einer genauen Untersuchung sehr oft mit tagespolitischen Fragen verknüpft, so daß für den Leser manchmal mehr verdunkelt als erhellt würde. Ein Bericht *(commentarius)* aus der Antike bietet den Vorteil „zeitlos" zu sein, das heißt, durch den großen zeitlichen Abstand können subjektive Bewertungsmaßstäbe wegfallen. Dadurch kann eine Konzentration auf ganz bestimmte Erscheinungen erreicht werden, vergleichbar den reinen Versuchsbedingungen im physikalischen oder medizinischen Bereich.

---

1 Als Beispiele dienen: Gelzer, M.: Caesar, der Politiker und Staatsmann. – Wiesbaden 1960; oder als Vertreter der „kritischen" Richtung Rambaud, M.: L'art de la déformation historique dans les commentaires de César. – Paris 1966[2]; Gesche, H.: Caesar. – Darmstadt 1976 (= Erträge der Forschung 51).

2 Oppermann, H.: Caesar. Der Schriftsteller und sein Werk. – Leipzig/Berlin 1933; aus letzter Zeit seien als Beispiele genannt: Gärtner, H. A.: Beobachtungen zu Bauelementen in der antiken Historiographie. – Wiesbaden 1975; Mutschler, F.-H.: Erzählstil und Propaganda in Caesars Kommentarien. – Heidelberg 1977; Richter, W.: Caesar als Darsteller seiner Taten. – Heidelberg 1977.

2. Interpretationslinien

Wir stehen vor der Frage, was ein antiker Machthaber und Darsteller seiner Leistungen über einen Mann berichtet, der, politisch mißliebig geworden, beseitigt werden mußte. Die Antwort scheint einfach zu sein: „Natürlich Schlechtes!"
Will aber ein Bericht seine Wirkung beim Empfänger nicht verfehlen, genügt das bloße Faktum nicht, vielmehr erweitert sich die Frage, wie Caesar dieses Faktum berichtet, also welche sprachlichen Mittel er anwendet, seine römischen Leser zu „informieren".
Die Gestalt des Haeduerfürsten Dumnorix tritt dem Leser von Caesars Commentarii nur in zwei Szenen vor Augen. Einmal zeigt ihn Caesar gleich einer Momentaufnahme mitten im politischen Handeln, zeigt ihn allmählich als seinen Gegner und verwarnt ihn (I 3–9; I 18). Zum zweiten Mal erlebt der Leser das traurige Ende – Dumnorix wird von Caesars Leuten im Kampf getötet – mit den maßgeblichen Anlässen.
Im 3. Kapitel des 1. Buches zeigt Caesar das bestehende gallische „Triumvirat", zu dem der Helvetier Orgetorix, der Sequaner Casticus und vor allem der Haeduer Dumnorix gehörten. Dieser Dreibund hatte wohl u. a. das Ziel, gegen den Germanen Ariovist, der in gallisches Gebiet eingedrungen war, aufzutreten. Natürlich wurde der Druck von außen sehr verstärkt durch die Römer, die völlig unabhängig von den Germanen auf Gallien einwirkten (Errichtung einer römischen Provinz auf gallischem Boden als Basis für eine Interventionspolitik im übrigen Gallien). Von Freundschaftsbündnissen der Römer mit verschiedenen Völkerstämmen Galliens (Haeduer, Sequaner, Lingonen) berichtet ja auch Caesar selbst: I 3,4; VII 63,7.
Diese allgemeine Verflechtung des gallischen Raumes und der gallischen Völker mit Rom hatte ihre Auswirkungen auf die großen Feudalherren wie Dumnorix. Als Privatmann war er gegen die romfreundliche „Partei" seines Bruders Diviciacus eingestellt, übte dabei aber durch sein Vermögen großen politi-

schen Einfluß aus (I 3,5: *principatum obtinebat . . .*). Jedenfalls war Dumnorix der Exponent des gallischen Triumvirates; denn Casticus scheint kaum größere Bedeutung erlangt zu haben (Caesar erwähnt ihn auch nur einmal); Orgetorix aber starb bald, so daß Dumnorix in eine gewisse Isolation gedrängt wurde, aus der er erst wieder herauskam, als die Helvetier von Caesar eine Zurückweisung bei Genf erfahren mußten und sich an Dumnorix wandten mit der Bitte, für sie bei den Sequanern, wo sie durchziehen wollten, zu vermitteln. Dumnorix erschien die Gelegenheit günstig, das alte Bündnis zu erneuern und so mit deren Hilfe sein Ziel zu erreichen (I 18,9: *Si quid accidat Romanis, summam in spem per Helvetios regni obtinendi venire . . .*). Dadurch wird Dumnorix in den Helvetierkrieg hineingezogen und kommt mit der Politik Caesars direkt in Berührung.

Die Methoden Caesars zeigen sich dabei auch ziemlich deutlich: er bediente sich sicher auch des alten römischen Grundsatzes *divide et impera* und behandelte die ihm ergebenen Völker und ihre Fürsten, wie etwa bei den Haeduern den Führer der romfreundlichen „Partei" Diviciacus mit besonderem Zuvorkommen, aber es ist durchaus denkbar, daß er feindliche, zur Ablehnung seiner Herrschaft geneigte Fürsten, wie Dumnorix einer war, ebenfalls durch große Versprechungen für sich zu gewinnen suchte oder für längere Zeit an sich zu binden bestrebt war, um die restlichen antirömischen Kreise oder persönlichen Gegner noch besser niederhalten zu können. Ein Beispiel im kleinen, wie freigebig Caesar in solchen Fällen war, gibt er uns selbst, indem er Leute vorstellt, die sich um ihn verdient gemacht haben. So erzählt er im *Bellum civile* III 59 von den Allobrogern Roucillus und Aecus, zwei Brüdern, die waren . . . *singulari virtute homines, quorum opera Caesar omnibus Gallicis bellis optima fortissimaque erat usus. His domi ob has causas amplissimos magistratus mandaverat atque eos extra ordinem in senatum legendos curaverat agrosque in Gallia ex hostibus captos praemiaque rei pecuniariae magna tribuerat locupletes-que ex egentibus fecerat.* Nun war Dumnorix zwar kein *egens,* also kein armer Mann, aber Caesar fand wohl auch das Mittel, um ihn eine Zeitlang an sich zu binden: den Appell an seinen Ehrgeiz. Da Caesar in seinen Berichten vom zweiten bis zum vierten Kriegsjahr von Dumnorix und seinen Machenschaften schweigt, kann man annehmen, daß Dumnorix in dieser Zeit entweder mit Caesar zusammenarbeitete oder sich doch ruhig verhielt. Die etwas großspurig anmutende Behauptung des Dumnorix in der Haeduerversammlung, Caesar werde ihn zum König machen,[3] wird ihre Ursache sicher nicht nur im Naturell des Dumnorix haben, sondern auch darin, daß Caesar einerseits mit Dumnorix schon länger zu tun hatte – waren sie doch über die Grenzen hinweg durch die Ideologie ihrer „Parteirichtungen" verbunden[4] – und daß andererseits daher Caesar ziemlich eindeutige Versprechen bezüglich der zukünftigen Herrscheraussichten für Dumnorix gemacht hat, um sich das Wohlverhalten dieses mächtigen Fürsten zu sichern.[5] Wann Caesar sich dann entschied, jede Zusammenarbeit mit ihm abzubrechen, läßt sich nicht feststellen. Erkennen läßt sich nur, daß sowohl Caesar als auch Dumnorix keinen plötzlichen Bruch in ihren politischen Beziehungen herbeiführten, daß sogar Caesar Dumnorix anfangs noch zu retten suchte, obwohl er in ihm schon mehr den Gegner sehen mußte; denn die Anklagen der Haeduerbehörden waren deutlich genug: schließlich hatte Dumnorix Sabotage am Getreidenachschub betrieben, und außerdem war das Reitergefecht, das unter Dumnorix' Führung bewußt fehlschlagen sollte, schon sehr nahe am Verrat. Auch die Übergriffe der Helvetier im Land der Haeduer, wodurch Caesar offiziell eine Berechtigung zum Einschreiten bekam (I 11), zeigen Dumno-

---

3 BG V 6,2; das Angebot datiert STEVENS, C. E. (in: Latomus 11, 1952, 175) in das Jahr 58.
4 STOESSL, F.: Caesars Politik und Diplomatie im Helvetierkrieg. In: Schweizer Beitr. zur Allgem. Geschichte 8 (1950), 34f.
5 Zum Nachweis der Kollaboration zwischen Dumnorix und Caesar nach 58 bringt u. a. SCHULTE-HOLTEY, G. (Untersuchungen zum gallischen Widerstand gegen Caesar. – Münster 1969, 149f.) auch Argumente aus der Numismatik.

rix als darin verwickelt.[6] Trotz allem aber scheint Dumnorix für Caesar noch nicht so mißliebig zu sein, so daß Caesar nun Gelegenheit hat, vor seinen Lesern als streng ahndender Gerichtsherr zu erscheinen, der *satis esse causae arbitrabatur, quare in eum aut ipse animadverteret aut civitatem animadvertere iuberet* (I 19,1). Die in Caesars Werk nur hier vorkommende Bedeutung von *animadvertere* im Sinne von „gegen jemand vorgehen" unterstreicht einerseits die Wichtigkeit der kommenden Aktion, andererseits läßt sie den versöhnlichen Ausgang dieser Verhandlungsszene bereits durchschimmern, da bei diesem Wort doch noch die Grundbedeutung zu erkennen ist und es viel stärkere Ausdrücke für ein solches Vorgehen gäbe;[7] es ist jedenfalls nicht von irgendeiner *poena* die Rede. Caesar versteht es, die Verantwortung für Dumnorix dessen Bruder Diviciacus zuzuschieben, und gleichzeitig vor dem Zeugen und Vertrauten C. Valerius Troucillus wieder ein Beispiel der *clementia Caesaris* zu geben, wenn er sich von den brüderlichen Tränen des Diviciacus rühren läßt und bei einer Verwarnung verbleibt. Er bemüht sich also geschickt um die Szene, die an das Gefühl appellierte, um die Schonung des Dumnorix eingehend zu motivieren.[8] Trotzdem wollte er offenbar die wahren Gründe der Schonung für Dumnorix nicht nennen: erhoffte Vorteile und politische Gründe (vgl. I 18,3–6; 20,3–4). Denn als Dumnorix sich später trotz allem aufgebäumt hatte, hätte sich Caesar den Vorwurf der Fehleinschätzung von Mitarbeitern und Untergebenen nicht ersparen können, so aber wehrt er diesen Versuch gleichsam ab mit dem Schild der

6 HERING, W.: Zur Tendenz des BG. Acta Classica univ. Debr. 3 (1967), 61.

7 *animadvertere* im Sinne von „gegen jemanden vorgehen" ist in der lateinischen Literatur durchaus nicht so häufig, wie es aus der Notiz von KRANER-DITTENBERGER-MEUSEL in ihrem Kommentar ad loc. erscheinen mag. Vgl. Thes. Linguae Lat. s. v. *animadvertere* 76, 74–77, 19; in klassischer Zeit neben Bemängeln etwa literarischer Fehler (Cic. Brut. 316) in Ciceros Reden „vorgehen" staatsrechtlicher Art (z. B. gegen eine Stadt, Verr. I 2,66) oder auch gegen Individuen (Cat. I 30).

8 Daneben sind die oft genauen Schilderungen zur Information des Lesers gedacht; denn daß Caesar selbst erst in den Verhandlungen (BG I 18–19) hinter die häduischen Verhältnisse kam, wie es den Anschein hat *(Caesar hac oratione . . . sentiebat . . .)*, wird man wohl kaum annehmen; vgl. RAMBAUD, a.O., 318.

clementia. Der Wert der *clementia Caesaris* hat schon die Zeitgenossen beschäftigt: „*In Caesare haec sunt: mitis clemensque natura . . .*", schrieb Cicero im Jahr 46 (Fam. VI 6,8); aber derselbe Cicero zeigte sich noch im Jahre 49 empört über das Verhalten der Optimaten und der Landstädte, die *huius (sc. Caesaris) insidiosa clementia delectantur* (Att. VIII 16,2).[9] Nach dieser Zweiteilung sieht man heute in Caesar die *clementia* tief verwurzelt und „kann nicht glauben, daß eine Handlungsweise, die Jahrzehnte hindurch mit Konsequenz beibehalten wird, nichts ist, als ein von außen herangeholtes Mittel, dessen Nützlichkeit man eingesehen hat, und nicht viel mehr auf einer inneren Eigenart beruht, die man, ohne sich der äußeren Vorteilhaftigkeit bewußt zu sein, in die Tat umsetzt".[10]

Andererseits wird gerade die innere Eigenart Caesars bestritten und darauf hingewiesen, daß er sich in seiner Selbstdarstellung eines milden, gütigen Machthabers an Topoi (Gemeinplätze) anlehnt, in Wirklichkeit seine Wesensart „ein Mittel seiner Politik war, die auf Erringung der Macht zielt"[11]; die *clementia Caesaris* wird also auch jetzt noch verschieden verstanden und aufgefaßt.[12] Im Fall Dumnorix zeigte Caesar sicherlich das Verhalten nach Normen der stoischen Ethik, deren er sich bediente, ein Verhalten, das bei Seneca, *de clementia* II 3,1 definiert ist: „*temperantia animi in potestate ulciscendi vel lenitas superioris adversus inferiorem in constituendis poenis.*"

Es läßt sich jedoch schwer feststellen, ob Caesar hier *clementia* um ihrer selbst willen übte oder ob unter diesem Vorwand nicht doch andere Gründe, etwa die frühere Zusammenarbeit oder

---

9 Vgl. Strasburger, H.: Caesar im Urteil seiner Zeitgenossen. – Darmstadt 1968², 43.

10 Dahlmann, H.: Clementia Caesaris. In: Rasmussen, D. (Hrsg.): Caesar. – Darmstadt 1967, 430.

11 Treu, M.: Zur Clementia Caesaris. In: Mus. Helv. 5 (1948), 209 u. 206.

12 Erklärung von Seel, O. (Ambiorix. In: Caesar, a.O., 289): „das aus gänzlicher Autonomie dessen, der Macht hat, unvorausberechenbar gewährte oder verweigerte Unterlassen der Strafausübung."

noch eher die weitere Verwendungsmöglichkeit des Dumnorix dafür maßgebend waren (vgl. oben). Die weitere Verwendungsmöglichkeit war wohl gegeben, und Dumnorix schien sich auch, wie schon einmal gezeigt, Caesar völlig unterzuordnen, als er sich vom zweiten bis zum vierten Kriegsjahr loyal verhielt.

Am Beginn des fünften Kriegsjahres gibt Caesar Einblick, wie wenig er sich auf Galliens Adel noch verlassen konnte, sobald er Gallien den Rücken kehren und seine zweite Expedition nach Britannien unternehmen wollte: „. . . *ex quibus (sc. nobilibus) perpaucos, quorum in se fidem perspexerat, relinquere in Gallia, reliquos obsidum loco ducere decreverat, quod cum ipse abesset, motum Galliae verebatur*“ (V 5,4).

Caesar zeigt aber auch, wie er bereits mit dem gallischen Adel umspringen konnte, alle beugten sich willig dem Gebot Caesars, vor ihm zu erscheinen, offenbar ohne zu wissen, was er mit ihnen vorhatte; denn hätten sie gewußt, daß sie alle mit Caesar nach Britannien mitziehen sollten, wäre sicher einer nicht erschienen: Dumnorix. So aber sollte sich sein Schicksal in diesen Tagen erfüllen. Caesar kommt also in Buch V 6 wieder auf Dumnorix zu sprechen und verweist dabei auf die früheren Geschehnisse *(de quo ante a nobis dictum est)*. Dumnorix erfährt, daß er mit Caesar mitziehen müsse und sieht sich natürlich einer der günstigsten Gelegenheiten, sich in Abwesenheit Caesars eine gewisse Selbständigkeit zu schaffen, beraubt. Mit allen Mitteln versucht er, sein Zurückbleiben auf dem Festland zu erwirken: „. . . *partim quod insuetus navigandi mare timeret, partim quod religionibus impediri sese diceret*“ (V 6,3). Er macht sich an die Fürsten heran und sucht sie einzuschüchtern, doch diese sind ihrerseits Caesar bereits so verpflichtet, daß Dumnorix nichts ausrichtet und seine Bestrebungen angezeigt werden (V 6,6).

Wie aber leitet Caesar in diesem Kapitel zum bevorstehenden Tod des Dumnorix über? Er tut es sehr geschickt und bereitet den Leser seiner Zeit in dessen Unterbewußtsein darauf vor, macht ihn so leichter zugänglich und fördert das Verständnis für die Beseitigung dieses Menschen.

In I 9,3 und I 18,3 sowie 18,9 hatte Caesar schon einen politisch-juridischen Ton angeschlagen, dem die Wirkung beim republikanischen Rom sicher nicht versagt geblieben war: *Si quid accidat Romanis, summam in spem per Helvetios regni obtinendi venire; imperio populi Romani . . . de regno . . . desperare.*" Caesar wies bei Dumnorix darauf hin: . . . *cupiditate regni adductus novis rebus studebat.* In V 6,1 erhärtet er diese Aussage wieder mit demselben Begriff: *cupidus rerum novarum.* Wenn nun auch Dumnorix mit Rom an sich nichts zu tun hatte, so ruft der Hinweis auf Begriffe, die in Rom äußerst scheel angesehen wurden – wie etwa *regnum* oder *res novae* als euphemistische Bezeichnung für Umsturz – genau die gefühlsmäßige Stimmung beim Leser hervor,[13] die Caesar haben wollte: in Rom fand niemand etwas daran, wenn Leute, denen Gedanken von *regnum* oder *res novae* im Kopf spukten, einfach ohne vorheriges Rechtsverfahren beseitigt wurden, ja für die „republikanischen Legitimisten" war es Pflicht eines jeden aufrechten Bürgers.[14] Caesar geht aber in seinem Appell an das Unterbewußte des römischen Leser noch einen Schritt weiter und erreicht den Gipfel der schwerwiegenden, belastenden Gründe gegen Dumnorix, womit gleichzeitig der Tief- und Schlußpunkt in der anfangs so hoffnungsvollen Karriere dieses

13 Über das Vorurteil der Römer gegen *rex* und was damit zusammenhängt, gibt es eine zeitgenössische Stellungnahme Ciceros, der in De republ. III 47 bewußt sich davon distanzieren muß, um für seine philosophische Abhandlung einen wertfreien Begriff zu bekommen: . . . *cum autem regis est facta mentio, occurrit animis rex etiam iniustus; nos autem de iniusto rege nihil loquimur* . . . U. v. LÜBTOWS Ansicht (Das Römische Volk. – Frankfurt 1955, 236) „Regnum dagegen bedeutet für den Römer Knechtschaft (servitus)" erscheint etwas übertrieben und dürfte sich nicht auf Ciceros objektive Auffassung von *rex* beziehen, wohl aber auf den jeder Objektivität entbehrenden politischen Alltag, der für Caesar vor allem von Interesse sein muß (Vgl. auch HELLEGOUARC' H, H.: Le vocabulaire latin des relations et des partis politiques sous la republique. – Paris 1962, 560). Die Ambivalenz der Bedeutung von *rex* kann man mit KLEIN, R. (Königtum und Königszeit bei Cicero. – Erlangen 1962, 77 ff.) etwa so festhalten:

a) Sakarale Institution, hellenistische Königsvorstellungen, göttliche Abkunft, Reichtum, Freigebigkeit, Tapferkeit, Gerechtigkeit, Selbstbeherrschung;

b) Verdammungsurteil gegen alles, was Königsnamen trägt.

14 MOMMSEN, T.: Römisches Strafrecht. – Darmstadt 1961 (Nachdr.), 549 f.

gallischen Fürsten und Politikers gesetzt wird und sein Ende bevorsteht: *at, quod longius eius amentiam progredi videbat, prospiciendum, ne quid sibi ac rei publicae nocere posset* (V 7,2). Hier sehen wir Caesar gleichsam im Senat, der sein *consultum ultimum* verkündet. Der bekannte Wortlaut: „*Videant consules, ne quid res publica detrimenti capiat!*“, wie er höchstwahrscheinlich gelautet hat[15], wird stilistisch nur leicht abgewandelt, aber mit der ganzen Schwere des Inhalts wiedergegeben. Der jussive Konjunktiv des ersten Teiles (*videant; operam dent* u. ä.) wird ersetzt durch ein Synonym, aber in der viel stärkeren Gerundivform: aus dem Auftrag zur Erfüllung einer Tätigkeit wird also unausweichliche Notwendigkeit für Caesar, der sich auch sonst[16] gerne mit dem römischen Volk und seiner *res publica* in einem Atemzug nennt, der sich also auch hier mit ihr in Verbindung zeigt *(sibi ac rei publicae)*. Somit zitiert Caesar einen weiteren wichtigen Begriff, der auch im *senatus consultum ultimum* eine wesentliche Bedeutung bekommt. Den Schaden, den es zu verhindern gilt, drückt Caesar in leichter Veränderung aktiv verbal aus, ein weiterer Hinweis auf die scheinbare Gefährlichkeit des Dumnorix; denn der Staat erleidet *(capiat)* nicht irgendeinen Schaden *(quid detrimenti)*, sondern dieser Mensch, dieser Dumnorix setzt all seine Tätigkeit daran (daher aktive Form!), der *res publica* zu schaden.
Der unmittelbare Anlaß für den Schaden wird als Substantiv von besonders schwerem Gewicht in der vorangestellten Begründung des Vorgehens ausgedrückt: *at, quod longius eius amentiam progredi videbat . . . amentia* aber, von der z. B. auch Cicero vor dem Volk sprach, als er Catilina auf ihre Seite stellte (Cat. 2,25), ist ein stark politisch gefärbter Begriff.[17] Das zeigt das Geschichtswerk des Livius, wo relativ oft davon

15 Plaumann, G.: Das sog. *senatus consultum ultimum* . . . In: Klio 13 (1913), 321 ff. Die zum *senatus consultum* wohl grundlegende Arbeit von Ungern-Sternberg, J.: Untersuchungen zum spätrepublikanischen Notstandsrecht. – München 1970, geht auf den Wortlaut kaum ein.

16 Zum Beispiel in BG I 31,14; I 31,16; I 33,2.

17 Bei Caesar beinahe selbstverständlich, man denke an Ariovist BG I 40,4: *quodsi furore atque amentia impulsus bellum intulisset* . . .

gesprochen wird, ganz deutlich; Beispiele seien hier kurz angeführt: Abgesehen von der römischen Frühgeschichte, wo die *amentia* auch die sittliche Verkehrtheit betont[18], ist die *amentia* die sinnlose, wahnwitzige Gegnerschaft eines ziemlich bedeutungslosen Menschen gegen eine Persönlichkeit, an deren Größe, Erhabenheit, Unantastbarkeit und Macht kein „normaler" Mensch sonst zweifeln wird. Sehr bezeichnend sieht man das, als der Sohn des Pacuvius Calavius, der Hannibal in Capua aufnimmt, beabsichtigt, auf Hannibal ein Attentat zu verüben – ein Akt der *amentia* (Livius XXIII 9,7).

Im übrigen ist der Begriff der *amentia* etwas weiter gefaßt, es steht nicht immer nur eine überdurchschnittliche Person im Mittelpunkt, dafür liegt eine Feindschaft oder zumindest Gegnerschaft gegen das Erhabenste, das sich ein römischer Patriot denken konnte, gegen Rom und das römische Imperium darin bezeichnet.[19]

Man sieht daher, daß Caesar, der auch einen scheinbar objektiv referierenden Bericht als Gattung für seine Schrift wählte, durch bestimmte sinnschwere Worte seine Leser in ihrem Unterbewußtsein förmlich mitreißen kann und sie sozusagen gefügig macht, seine Maßnahmen ohne langes Erwägen als einzig richtige und für das Heil des Staates unumgänglich hinzunehmen. Somit dürfte kein Römer mehr daran gedacht haben, daß Caesar eigentlich ohne legitime Handhabe einen völlig freien gallischen Fürsten (V 7,8: . . . *liberum se liberaeque esse civitatis*) wegräumen ließ, weil er ihm zu unbequem und zu gefährlich geworden war.

---

18 Liv I 48,7 (Lucretia); III 47,4 (Verginia); allmählicher Übergang in den politischen Bereich: IV 15,8 (Maelius – *largitio* an das Volk, Streben nach Alleinherrschaft); V 11,7 (Sergius u. Verginius – militärischer Mißerfolg, zur Verantwortung gezogen).

19 Stellen bei Livius: XXIV 30,9 (Abfall der Führer im Krieg gegen Leontini); XXV 29,7 (Hieronymus v. Syrakus kündigt Bündnis mit Rom); XXVIII 27,6–12 (Meuterei unter Scipio); XXXV 31,15; XXXVII 20,8; XLIII 4,3; XLIII 17,7 (Makedonischer Krieg). Livius schreibt ja nur unwesentlich später als Caesar, so daß eine tiefgreifende Bedeutungsänderung in den Begriffen kaum anzunehmen ist. Bei Sall Jug. 38,1: Verblendung des Aulus bewirkt Sieg Jugurthas. Sonstige Stellen oft in rein rhetorischem und philosophischem Zusammenhang, der als solcher deutlich erkennbar ist, vgl. Thes. Linguae Lat. s. v. amentia, 1883.

3. Pädagogischer Gewinn

Diese kleine Untersuchung am lateinischen Text ergibt somit für den heutigen Leser, der – wie eingangs gesagt – durch den zeitlichen, räumlichen und inhaltlichen Abstand persönlich nicht betroffen ist, die Möglichkeit, sich darauf zu konzentrieren, welche Darstellungsmittel (Wortwahl, Aufbau, Stilmittel) ein Autor oder ein Berichterstatter verwendet, um dem vorgelegten Bericht (Text) eine bestimmte Richtung zu geben. Der dadurch gewonnene methodische Blick für sprachliches Gestalten ist dann leicht und gewinnbringend auf jeden anderen Text jeder anderen Sprache aus jeder Zeitepoche anwendbar. Die antike Sprache – auch das Griechische kann teilweise unter diesem Blickwinkel gesehen werden – fungiert also weitgehend als Modell, nicht im Sinne von „Vorbild“ als vielmehr im Sinne von „Abbild“ oder „Denkbild“, eben als „Denkmodell“[20], dessen Anwendung natürlich auf den Einzelfall abzustimmen ist, das aber immer anregend wirken kann zur bewußten und kritischen geistigen Verarbeitung aller auf den heutigen Menschen eindringenden Einflüsse aus vielen Bereichen des Lebens.

20 S. dazu Maier, F.: Antike Texte als „Denkmodelle“. In: Anregung 25 (1979), 364ff. Überarbeitete Fassung in: Lateinunterricht zwischen Tradition und Fortschritt, Bd. 2. – Bamberg 1983.

Wolfgang Zeitler

Der Germanenexkurs im 6. Buch von Caesars Bellum Gallicum
Ein Unterrichtsprojekt zum Abschluß der Caesar-Lektüre

„Ethnographien fesseln den Leser".[1] Folgt man dieser Feststellung des Tacitus, so überrascht es nicht, daß der große ethnographische Exkurs im 6. Buch von Caesars Bellum Gallicum sowohl unter den durch die Lehrpläne zur statarischen Lektüre nahegelegten Stellen als auch in den verbreitetsten Auswahlausgaben deutscher Schulbuchverlage seinen festen Platz hat.[2]

Für die Fachwissenschaft freilich ist dieser „feste Platz" z. T. schwankender Boden: Die Echtheit, vor allem der Schlußkapitel, ist umstritten.[3] So mag es willkommen sein, wenn sich im Rahmen der folgenden Darlegungen für die Originalität dieser in der Schule so häufig gelesenen Passage eine – wie es scheint – kräftige Stütze finden läßt und wenn aus einem in der Fachliteratur bislang nicht beachteten Aspekt der Germanenschilderung ein verstärktes Verständnis erwächst für Caesars geschichtsprägende Entscheidung, am Rhein die politisch-militärische Grenze zu ziehen.

---

1 *Nam situs gentium . . . retinent . . . legentium animum,* Tac. Ann. IV 33,3.

2 Zur Problematik der Abgrenzung des zur Lektüre empfohlenen Abschnittes des Exkurses s. u. 109. Ein Überblick über die z. Zt. gültigen Lehrpläne ist zu gewinnen aus MAIER, F.: Der lateinische Lektüreunterricht auf der Sekundarstufe I (Mittelstufe). In: Fachdidaktisches Studium in der Lehrerbildung. Alte Sprachen 2 (hrsg. von GRUBER, J./MAIER, F.). – München 1982, 37ff.

3 Stellvertretend sei hierfür verwiesen auf die Teubneriana von SEEL, O.: Caesar-Studien. – Stuttgart 1967. AU Beiheft 1 zu Reihe 10, 192. Überraschend ist freilich die ausgesprochene Dünne der wissenschaftlichen Literatur zu diesem Thema. Eine Zusammenstellung findet sich auf den Schlußseiten von WALSER, G.: Caesar und die Germanen. Studien zur Tendenz römischer Feldzugsberichte. In: Historia Einzelschriften Bd. 1 (1956) 95–99. Auch die für den Schulgebrauch erstellten Bibliographien melden für den Germanenexkurs Fehlanzeige.

1. Didaktische Überlegungen vor dem Hintergrund der psychischen Situation der Schüler

Bevor es um ‚Detailfragen' gehen kann, muß wie bei jeder Lektüreauswahl auch in unserem Falle geprüft sein, wodurch sich das Herausgreifen gerade dieses Abschnittes besonders rechtfertigt. Hierzu im folgenden einige in Thesenform gekleidete Überlegungen:

1. Von der komplexen Persönlichkeit Caesars muß den Schülern ein vieldimensionales Bild vermittelt werden. Der Geograph und Wissenschaftler Caesar ist hierfür wesentlich.
2. Der Germanenexkurs erlaubt es, weitere Aspekte der Persönlichkeit Caesars in ihrem wechselseitigen Zusammenspiel den Schülern übersichtlich vor Augen zu führen.[4]
3. Der Germanenexkurs läßt paradigmatisch deutlich werden, daß bei diesem Autor auch scheinbar nicht zur Sache Gehörendes keine Abschweifung ist, sondern eine höchst planvolle Argumentationshilfe für das Verständnis der Haupthandlung.[5]
4. Der syntaktisch einfache Germanenexkurs bietet eine gute Chance, Schüler zur Reflexion über sprachliche und stilistische Erscheinungen sowie deren Wirkung anzuregen.[6] Auch wird dem Schüler, der sich auf diese Weise einzelne Aspekte der Persönlichkeit Caesars erschließt, klar, wie sehr zu dieser Persönlichkeit eben auch der Schriftsteller gehört.
5. Der Germanenexkurs ist angesichts der entwicklungspsychologischen Situation der Schüler didaktisch gut geeignet.[7]

---

4 Der Germanenexkurs eignet sich somit gut als rekapitulierender Abschluß der Caesar-Lektüre.

5 Gerade Schülern, denen das Bellum Gallicum nur als eine längere Version bunter Asterix-Abenteuer erscheint und denen deshalb der Sinn einer Caesar-Lektüre zweifelhaft ist, ist diese Einsicht hilfreich.

6 Hieraus kann eine angesichts des Nachlassens der Lernfähigkeit in dieser Altersstufe wichtige primäre Motivation des Schülers zum Vertiefen der eigenen Sprachkenntnisse erwachsen.

7 Eine bei aller Knappheit treffende Charakteristik der psychischen Disposition 15jähriger Schüler geben Ott, A./Wolff, H.: Ein neuer Weg zur Caesarlektüre in den 10. Klassen der Gymnasien. In: AU XXIV (1981) 3, 53–69, bes. 58.

Stehen doch die einzelnen Kapitel mitten in Problemkreisen, die sich leicht existentiellem Transfer öffnen, wie ihn der 15–16jährige Schüler als Hilfe für das Finden der eigenen Identität erwartet: Einfluß von Religion auf das Leben, der einzelne und die Gemeinschaft, verbindliche Normen und oberste Ziele der Gemeinschaft, Bedingungen für den Wandel von Wertvorstellungen.

2. Zur Einordnung in den Lektüreplan

1. Die folgende Sequenz von acht Stunden ist als Abschluß der Caesar-Lektüre konzipiert. Vorher empfiehlt es sich, (im Wechsel von statarischer Lektüre, Arbeit mit der Übersetzung und Schülerreferat) den Gallierexkurs zu erarbeiten.
2. Die günstigen Voraussetzungen, die unser Abschnitt bietet, um durch vertieften Einblick in die literarische Form das Zusammenwirken von Stilmitteln, Inhalt und Intention zu erfassen, sind eine gute Ausgangsbasis für eine möglicherweise sich anschließende Ovid-Lektüre.
3. Die Vorstellung vom verderblichen Einfluß der Zivilisation und des Überflusses, von der schrittweisen sittlichen Verschlechterung des Menschen (bes. deutlich angesprochen in Kap. 24), wird den Schülern nicht nur bei Ovid und Sallust erneut begegnen. Somit bietet der Germanenexkurs auch *inhaltlich* gute Anknüpfungspunkte für spätere (Latein-)Lektüre.

3. Interpretationslinien[8]

3.1 Erste Unterrichtsstunde: Kap. 21,1–4

Germani multum ab hac consuetudine differunt: Das adversative Asyndeton, das den neuen Inhalt bestimmende Wort *Germani* als betontes Subjekt am Satzanfang, die Wörter *Germani . . . differunt* den Satz rahmend und das Wesentliche („die Germanen sind etwas Besonderes") markierend – so setzt sich Caesar gleich mit dem ersten Satz seiner Schilderung der germanischen Lebensweise ab von der bislang gültigen Ansicht, der alle mittel- und nordeuropäischen Völker als weitgehend ununterscheidbar galten[9] – waren sie ja auch Römern wie Griechen weitgehend unbekannt. Der hiermit beginnende Germanenexkurs bietet somit (stärker noch als die vorangegangenen Kapitel) den bei der Lektüre antiker Texte seltenen Glücksfall, daß primärer Adressat (Römer z. Z. Caesars) und moderner Rezipient (der Schüler) bezüglich des Inhaltes in etwa über das gleiche, geringe Vorwissen verfügen. Mag das Bewußtsein dieses Umstandes beim Schüler auch kein ‚Lesen mit römischen Augen' bewirken, so nimmt es ihm doch das Gefühl: „Nicht nur im Sprachlichen, auch inhaltlich hinke ich immer hinterdrein."

Wenn es stimmt, daß die Erweiterung des bekannten Erdkreises durch Caesar ebenso gut ein „weltgeschichtliches Ereignis" ist wie die „Erkundung Amerikas"[10], so ist der erste Satz des Kapitels aufschlußreich für die Art, wie Menschen überhaupt,

---

8 Lernzielkontrollen zu den einzelnen Stunden (im Regelfall zumindest z. T. als Einstieg für die folgende Stunde verwendbar) werden als Fragen und Aufgaben zur Stunde aufgeführt. Da diese in aller Regel unmittelbar vom Text ausgehen und somit nur richtig beantwortet werden können, wenn die Wiederholung tatsächlich gemacht wurde, ist es möglich (und wünschenswert), aus Gründen der *variatio* oder Zeitersparnis gelegentlich auf ein Abfragen der Wiederholung im Einzelfall zu verzichten.

9 Norden, E.: Der Germanenexkurs in Caesars Bellum Gallicum. Die ethnographischen Abschnitte Caesars über Suebi und Germani (1920), jetzt in: Caesar (hrsg. v. Rasmussen, D.). – Darmstadt 1980, 116–137, 126.

10 Norden, E.: Germanenexkurs, 129.

nicht nur Caesar, nicht nur Römer, Neues sich erschließen können: stets durch den Vergleich mit bereits Bekanntem. Das wird in den folgenden Abschnitten immer wieder deutlich, wenn die Germanen gerade durch das, was sie *nicht* haben, beschrieben werden. So z. B. gleich im nächsten Satz: Sie kennen keine Druiden, denen im keltischen Bereich eine führende Stellung zukam, sie legen keinen gesteigerten Wert auf Opferhandlungen.[11] Man kann es hier aber wohl kaum beim Konstatieren dieses Faktums belassen. Gerade vor dem Hintergrund der Gallierbeschreibung drängt sich die Frage auf, was es für ein Volk bedeutet, keine gesellschaftlich und funktional herausragende Priesterkaste zu haben. Organisatorisch-politisch ergibt sich größere Gleichheit aller Bürger, religionspsychologisch läßt sich ein Freisein von Ritualängsten, wie sie gerade die Römer entwickelt hatten, ablesen, wenn das Bedürfnis nach Leuten, die genau wissen, wie man z. B. opfern muß, gar nicht aufkommt. Überhaupt – bei den Römern ergibt sich in allen Bereichen Sicherheit erst aus peinlich genauem Einhalten von Regel, Ordnung, Organisation. Der Kontrast, den das Leben der Germanen hierzu bietet, ist im Kap. 21ff. stets unausgesprochener Referenzpunkt. (Der unmittelbare Vergleich mit den Galliern tritt demgegenüber zurück.) Dies zu sehen, bedeutet eine wesentliche Hilfe für die Beurteilung des Exkurses.

In 21,3 wird bei *vita omnis* die Umkehr der im Sprachgebrauch primären Wortstellung über den Anklang an *Gallia est omnis* leicht als prädikativer Gebrauch des Adjektivs erkannt: „Ihr Leben, wenn man es in seiner Gesamtheit betrachtet" – die entscheidende, positive Aussage über germanische Lebensweise wird also eingeleitet; was folgt, ist freilich ein so schlichter Satz, daß ihn auch ein ‚schlechter' Schüler schon beim ersten Lesen erfaßt zu haben meint. Ein zweiter Blick lohnt sich, nicht

11 Handgreiflich wird diese Grundbedingung menschlichen Erkennens in dem von Caesars Schilderung der keltischen Religion dem Schüler bereits bekannten Phänomen der *interpretatio Romana* bei den germanischen Götternamen: *Sol, Vulcanus, Luna.*

nur weil Caesar für das antike Ohr selbstverständlich, das Gesetz der steigenden Silbenzahl anwendet (*venationibus . . . studiis rei militaris, a parvulis* (und das Folgende). Wichtiger ist die Wiederholung *studiis . . . student*[12], wobei die unter Vermeidung der *variatio* wiederholten Wörter die Ziele des ‚eifrigen Einsatzes' rahmen. Aufmerksam geworden auf das Wort *studere* sehen wir, daß es mit negativem Vorzeichen die zweimalige positive Erwähnung umklammert: *neque sacrificiis student* (21,1), *agri culturae non student* (22,1). Man wird diese Stelle nicht überinterpretieren, wenn man dadurch betont sieht: Handeln in festgelegten Bahnen *(sacrificia)*, produktives Tagewerk *(agri cultura)* stehen bei den Germanen nicht im Zentrum. Ihr geballter Einsatz liegt in Tätigkeiten (Waffendienst, Anstrengung, Abhärtung), die ihr Ziel nicht in sich selbst tragen, die vielmehr auf Anwendung erst drängen – ein Bild nicht leicht zu ordnender, für Nachbarn durchaus gefährlicher Dynamik.

Genau dies bestätigt sich in den unmittelbar anschließenden Zeilen über die sexuelle Zurückhaltung bei den jungen Germanen. Dies ist nicht nur Untermalung der schon erwähnten *duritia*, sondern wiederum zeigt sich: es geht um Wachstum, Zunahme (durch Parallelismus, Anapher, dann durch chiastische Stellung auffällig gemacht) *ali staturam, ali vires nervosque confirmari*.

Fragen und Aufgaben zur Stunde:

1. Welche Grundbedingung menschlichen Erkennens wird an den ersten Sätzen, die Caesar über germanische Lebensweise

12 Die Gründe für Caesars „grundsätzlich restriktive(n) sprachliche(n) Habitus" sind bekannt. Sie liegen im Stoffbereich, in Caesars attizistischer Stilrichtung und dem literarischen Charakter des *commentarius*. „Das jeweils Gleiche wird meist auch mit denselben Wörtern bezeichnet". Richter, W.: Caesar als Darsteller seiner Taten, eine Einführung. – Heidelberg 1977, 180; anders gewendet: Wichtiges wird durch Wiederholung augenscheinlich. So hat die Interpretation in für den Schüler leicht nachvollziehbarer Weise ihren Halt am Text. Hierin liegt ein pädagogisch wichtiger Vorteil des Bellum Gallicum als Anfangslektüre.

schreibt, deutlich? Erläutern Sie dies an einer sprachlichen und einer inhaltlichen Erscheinung von 21,1–3!
2. Benennen Sie die in 21,4 auftretenden Stilmittel! Erläutern Sie deren konkrete Funktion im Kontext! Geben Sie dann die Kernaussage des in 21,1–4 skizzierten Germanenbildes mit eigenen Worten wieder!

3.2 Zweite Unterrichtsstunde: Kap. 21,5

Das in den Schlußabschnitten von Kap. 21 angesprochene Thema, Beziehung der Geschlechter, ist für eine 10. Jahrgangsstufe auch in lateinischer Verfremdung durchaus ‚reizvoll'. So mag es eine gute Gelegenheit sein, diese Textstelle, die sich aufgrund ihres Themas leicht einprägt, als hilfreichen Assoziationspunkt für paradigmatische Ergebnisse im sprachlichen, stilistischen und interpretatorischen Bereich zu wählen.
Sprachlich: Ausgehend von *notitia, occulatio, tegimentum* ist anhand von Parallelbeispielen oder des Anhangs zur Wortkunde die jeweilige Bedeutung der Suffixe zu erklären und festzuhalten.
Stilistisch: Läßt man in 21,5 die syntaktisch zusammengehörenden Wörter benennen, wird den Schülern augenfällig: In keinem einzigen Falle[13] folgen Adjektiv und Substantiv unmittelbar aufeinander; die gesperrte Stellung, das Hyperbaton, tritt in etwa vier Teubnerzeilen fünfmal auf, jedes Mal gut begründet: die Aufmerksamkeit des Lesers wird unterstützt. Nimmt man die Alliterationen sowie die bereits erarbeiteten Stilfiguren aus 21,4 hinzu, wird deutlich: Caesar wollte diesem Bereich germanischer Sitte herausragende Bedeutung beigemessen wissen.
Interpretatorisch: Lektüreunterricht fordert ein Heranführen der Schüler zur persönlichen Stellungnahme in der Konfrontation mit unterschiedlichen Wertvorstellungen. Eine wichtige

13 Ausgenommen ist lediglich das durch die betonte Endstellung sowieso schon hervorgehobene *nuda*.

Voraussetzung hierfür ist es, daß die Schüler die oft versteckten Angaben solcher Wertvorstellungen auch erkennen können. Im Anschluß an die vorangegangene Stunde läßt sich in diesem Zusammenhang, bei nur geringem Zeitaufwand, das Problembewußtsein hierfür stärken. Es gilt lediglich die Begriffe nennen zu lassen, die in den 21,4ff. eine Wertung enthalten (*maximam . . . laudem* und *in turpissimis . . . rebus),* und in einem zweiten Schritt den im Text erwähnten Maßstab für diese Werte zu erfragen *(ali, confirmari,* letztlich *duritia).*
Der ethische Maßstab germanischen Handelns liegt also aus der Sicht Caesars in einem gewissermaßen meßbaren, ‚außen ablesbaren' *Ergebnis* der Handlung (etwa: *duritia*). Der uns Heutigen viel vertrautere Maßstab, gute und schlechte bzw. böse Handlungen zu scheiden durch die innere Einstellung, die – wie wir sagen – sittliche Haltung, dies tritt in dem – freilich nur kurzen – Abriß Caesars nicht auf.
Als entspannender Stundenabschluß bietet sich ein ‚Übersetzungsvergleich' zu 21,5 an, ausgehend von der bei HORNIG[14] zitierten ‚Übertragung' STEGEMANNS: „Es ist unmöglich zu bemerken, weil beide Geschlechter miteinander in Flüssen baden und sich dabei nur mit Fellen oder kleinen Pelzdecken bekleiden" – eine grammatikalisch und sprachpsychologisch aufschlußreiche Übersetzung; es wurde ja nicht nur ein Konstruktionssignal überfahren (durch Alliteration hervorgehobene *Gleich*ordnung vermittels *et – et*), unmittelbar einsichtig ist auch der Grund für diese ‚Fehlleistung'.

Fragen und Aufgaben zur Stunde:
1. Nennen Sie drei deutsche Fremdwörter, die aus dem Wortschatz des letzten Satzes von 21,5 abgeleitet sind!
2. Welche syntaktische Funktion hat der Ausdruck: *magna corporis parte nuda?* Warum ist seine Stellung im Satz somit auch im sprachpsychologischen Sinne natürlich?

14 HORNIG, G.: C. Iulius Caesar, Commentarii belli Gallici, Erläuterungen zu Buch V–VIII, Teil B: Lehrerkommentar. – Frankfurt/Berlin/München 1973, 109.

3. Über die literarische Qualität der Commentarii Caesars schreibt ein Zeitgenosse des Autors: „Auch die mühevollsten Leistungen anderer Schriftsteller erreichen nicht die Vollendung der Aufzeichnungen Caesars“. Nehmen Sie Stellung zu diesem Urteil anhand stilistischer Beobachtungen zu 21,5!

3.3 Dritte Unterrichtsstunde: Kap. 22,1f.

Stand in den vorangegangenen Stunden, vom Zeitaufwand her beurteilt, die Interpretation an erster Stelle, so wird für Kap. 22,1f. die Spracharbeit diesen Platz einnehmen.[15] Schwierigkeiten bereitet an unserer Stelle nicht die Zuordnung einzelner Satzarten, sondern die exakte Beziehung attributiver Ergänzungen, deren Analyse durch die stilistisch bedingte Änderung der ‚gewohnten‘ Wortfolge für die Schüler erschwert ist. Das Textverständnis läßt sich hier gut durch den schrittweisen Aufbau von Inhaltserwartungen erreichen, die sich an die Vokabelvorklärung auf natürliche Weise anschließen.

Noch größere Vorzüge besitzt hier aber die Satzanalyse nach dem graphischen Satzmodell der funktionalen Syntax.[16] Für uns ist entscheidend, daß sowohl die syntaktischen als auch die stilistischen Besonderheiten der vorliegenden Caesarstelle an diesem Modell auf einem Blick klar werden. Um nur jeweils zwei Beispiele herauszugreifen: Der Relativsatz *quantum . . . visum est* wird sofort in seiner Funktion als Akkusativobjekt, *agri* als Genetivergänzung hierzu durchschaut. *Anno* und *alio* werden nicht fälschlich aufeinander bezogen werden, die Funktion des *alio* als Ortsadverb wird plastisch.

15 Nebenher sind zwei Schüler beauftragt, das Auftauchen bekannter Stilmittel im Anschluß an die Übersetzung festzuhalten und nach ihrer Funktion zu befragen.

16 Die grundsätzlichen didaktischen Stärken dieses Modells, das den Schülern aus ihrer Arbeit etwa mit dem Cursus Latinus bekannt ist, brauchen hier nicht dargelegt zu werden. Hierzu s. MAIER, F.: Lateinunterricht zwischen Tradition und Fortschritt, Bd. 1. – Bamberg 1979, 143ff.

Ferner, das für die Klärung des Inhalts zentrale Hyperbaton *fines . . . proprios* („privaten Besitz an Grund und Boden gibt es nicht") wird auch graphisch in gesperrter Stellung wiedergegeben.[17]
Schön läßt sich auch 22,2 (Ende) in beiden Satzhälften die durchaus nicht gewöhnliche vorgezogene Stellung des temporalen Adverbiales erkennen[18]: die Maßnahmen der *magistratus* werden zeitlich fixiert, ehe sie inhaltlich beschrieben werden. Caesar sieht eben in dem zeitlich so eng begrenzten Verfügungsrecht über Grund und Boden das eigentlich Bemerkenswerte.

Wird das Satzmodell auf der Folie des Tageslichtprojektors vorgeführt, ist es für die Schüler eine wichtige Vereinfachung, die einzelnen Funktionsstellen des Satzes in der Reihenfolge ihrer syntaktischen Wertigkeit (nicht in der Reihenfolge ihres Erscheinens im Text) vermittels Overlaytechnik nacheinander einzublenden.[19]

Fahren wir im Text fort: *eius rei multas adferunt causas*. Endlich wieder ein Satz ohne Schwierigkeiten, ein Satz, der so übersichtlich ist, dessen Wortfolge so völlig natürlich, ja geradezu notwendig zu sein scheint, daß man glaubt, es verberge sich keine besondere stilistische Leistung dahinter, bzw. daß man meint, man hätte ihn gar nicht anders formulieren können. Wie läßt sich den Schülern verdeutlichen, daß gerade in dieser Unaufdringlichkeit der Präzision Caesars stilistische Leistung liegt? Man läßt, bevor dieser Satz zu lesen ist, die Bücher schließen und legt auf Folie folgendes Wortsammelsurium vor:

17 Die den Schülern bekannte Voraussetzung für diese – auch stilistische – Auswertung der Skizze ist es, daß man beim Satzmodell nicht Zeile für Zeile liest, wenn man die Wortstellung des Originals erfassen will, sondern strikt von rechts nach links alle Einträge auf der paradigmatischen Ebene (zum Begriff s. MAIER, F.: Lateinunterricht, 161f.) abliest.

18 Zur Stellung des Adverbiales s. KÜHNER, R./STEGMANN, C.: Ausführliche Grammatik der lateinischen Sprache II 2. – Darmstadt 1976[5], 613.

19 Wird das erwähnte Satzmodell immer wieder einmal im Lektüreunterricht angewendet, so scheint es in didaktisch besonders effizienter Weise ein Lern-, vielleicht gar Bildungsziel abdecken zu können, das MAIER (Lateinunterricht, 161) so beschreibt: „Die Gesamtheit der Erscheinungen erkennt der Schüler . . . als geordnet . . . Die Vielheit stellt sich ihm als Einheit dar, eben als die Einheit der Sprache. Oder umgekehrt: Der Schüler erlebt die Einheit in der Vielheit."

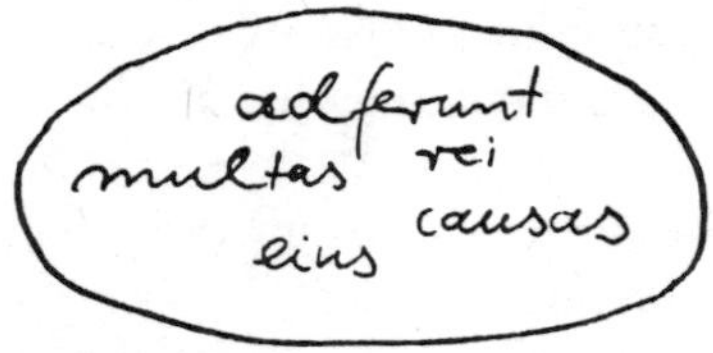

Die Arbeitsanweisung lautet: „Aus diesen Wörtern ist ein Satz zu bilden, der sich unmittelbar an das bislang Gelesene anschließt und mit einem Doppelpunkt zur Einleitung weiterer Erklärungen schließt!" Die Klasse erarbeitet dann Formulierungen wie: *Multas causas eius rei adferunt.* Blendet man jetzt den Originalsatz ein, können die Schüler ein wenig Caesars *facultas atque elegantia summa scribendi* (BG VIII praef. 7) nachspüren. Der Bezug zwischen *causas* und dem dazugehörigen Genetiv bildet die Klammer des Satzes. *Eius rei* steht an der Spitze – ‚natürlicherweise', da es die Verbindung zum Gesagten bildet; der Zentralbegriff *causas* wird erst im folgenden erläutert, seine Endstellung ist also wiederum nur ‚natürlich'.[20] Das Hyperbaton erkennen und deuten die Schüler selbständig. Daß *adferunt causas* als weiteres Zeichen stilistischer Durchprägung eine Klausel (den so geschätzten katalektischen Dikretikus) bildet, damit wird man die Schüler nicht belasten. Außerdem: Erreicht man nicht tiefere Schichten beim Schüler, wenn man fragt, welche der beiden Wendungen *adferunt multas causas* und *multas adferunt causas* vom Klang her besser gefalle?

Durch diese Frage nach dem Klang des Satzes können die Schüler vielleicht auch gefühlsmäßig ein bißchen erfahren, inwieweit sich antike und moderne ‚Gebrauchsprosa' unterscheiden, inwieweit der optische Reiz gegenüber dem klanglichen heute für uns schon fast selbstverständlich in den Vordergrund tritt und wie sehr also technische Errungenschaften (Buchdruckerkunst) langfristig die Wahrnehmungsfähigkeit der Menschen umpolen können.

---

20 Zur Wortstellung vgl. Hornig, G.: Kommentar, 113f.

Fragen und Aufgaben zur Stunde (22,2):

1. Geben Sie den grammatikalischen Fachausdruck an für den Genetiv *agri!*
2. Bestimmen Sie die genaue grammatikalische Funktion des Ausdruckes *quique una coierunt!*
3. Übersetzen Sie die beiden temporalen Adverbialia und erläutern Sie kurz die stilistische Pointierung des Satzes durch diese beiden Ausdrücke!

Neben der allen Schülern aufgegebenen Übersetzung des Restes von Kap. 22,2 bereitet die Klasse auch im arbeitsteiligen Verfahren die textunabhängige Erörterung folgender Fragen vor:

1. Welche Ziele könnten die Germanen mit der Art der Bodenverteilung, wie sie von Caesar geschildert wird, verfolgt haben?
2. Welche Ziele verfolgt unser Staat heute mit seinen auf Grund und Boden bezogenen administrativen Maßnahmen (von den Steuern über die Baumschutzordnung bis zur Zwangsenteignung)?

3.4 Vierte Unterrichtsstunde: Kap. 22,3–23,3

Zu den in der vorangegangenen Stunde gestellten Fragen erarbeiten die Schüler im Gespräch folgende Thesen: Die Eingriffe unseres Staates in den Besitz von Grund und Boden orientieren sich an der Sozialpflichtigkeit des gewährleisteten Eigentums (s. GG Art. 14 und 15). Bei den Germanen, so läßt sich vermuten, wird das von Caesar hervorgehobene Verhindern privaten Grundbesitzes zusammen mit der jährlichen ‚Neuverteilung der Startchancen' darauf abgezielt haben, entweder soziale Spannungen auszugleichen oder in einer eher moralischen Absicht, die dem modernen Staate fehlt, zu verhindern, daß einmal erreichter wirtschaftlicher Vorteil zum Ausruhen auf den erreichten Lorbeeren führt.

Ein kurzer Lehrervortrag weist nun auf folgendes hin: Die Annahme eines umfassenden Agrarkommunismus ist zumindest für die Germanen z. Z. Caesars – es handelt sich ja fast ausnahmslos um seßhafte Stämme – historisch nicht haltbar.[21] Ein klares Urteil darüber, ob Caesar bei seiner Schilderung die Grundzüge der sogenannten Feldgraswirtschaft absichtlich oder unabsichtlich mißverstand, läßt sich nicht gewinnen. Ist der von Caesar berichtete Sachverhalt aber historisch unrichtig, dann können, so lautet die von den Schülern zu ziehende Folgerung, die für diesen Sachverhalt von ihm angeführten Gründe ebenfalls nicht die Meinung der Germanen wiedergeben, sondern nur Caesars eigene Überlegung. Damit ergeben sich zwei Leitfragen für die sich jetzt anschließende Übersetzung der *causae* (22,3–4):

1. Von welchem Grundgedanken ließ sich Caesar bei der ja detaillierten Angabe der Gründe leiten?
2. Leuchten diese Gründe ein?

Zur Leitfrage 1: Der um Agrarreformen in Rom kämpfende Politiker kritisiert indirekt die römischen Verhältnisse. Entscheidend aber ist: Caesar leitet die *causae* betont viermal mit anaphorischem *ne* ein. Er suggeriert: Es ist leichter festzustellen, was die Germanen nicht wollen, als ein zielgerichtetes Handeln bei ihnen auszumachen – mit der bedeutsamen, an die letzte Stelle gerückten Ausnahme des Zusammenhaltes der Gemeinschaft *(ut . . . contineant)*. So stützen alle Gründe das von Caesar bislang skizzierte Germanenbild: Diese Stämme

21 Zum historischen Hintergrund und dem im nächsten Satz auftauchenden Begriff der Feldgraswirtschaft s. SCHULZ, A.: C. Taciti de origine et situ Germanorum, Lehrerkommentar. – Frankfurt/Berlin/München 1966², 97 und LINDAUER, J.: P. C. Tacitus, Germania (übersetzt, kommentiert und herausgegeben). – München 1975, 122f. sowie HORNIG, G.: Kommentar, 112f. So Zeit bleibt, sollte freilich auch auf folgendes historische Faktum hingewiesen werden: Ähnlich wie bei den Germanen gab es in Rußland ab dem 17. Jahrhundert eine periodische Umverteilung des Gemeindelandes (der Hinweis hierauf findet sich bei HORNIG, G.: Kommentar, 113). Das Ziel dieser Maßnahme – der russische Bauer sollte dadurch gerade an den Grund und Boden seines Dorfes gefesselt werden; hatte er ja auf diese Weise keinen eigenen Besitz, den er verkaufen konnte – könnte die Beurteilung der von Caesar so idealisierend gesehenen Gründe in ein anderes Licht rücken.

vermeiden es geradezu angestrengt, Stetigkeit zu erreichen, feste Wurzeln zu schlagen *(ne adsidua consuetudine capti – ne latos fines parare studeant – ne accuratius ad frigora atque aestus vitandos aedificent),* sind jedoch von großer innerer Geschlossenheit. Ihre Anstrengungen gelten nicht der Förderung von im eigentlichen Sinne ‚produktiven Tätigkeiten'.

Zur Leitfrage 2: Welche anderen Auswirkungen des von Caesar geschilderten Verfahrens bei der Landzuweisung der Germanen sind denkbar? Rückt man diese Frage aus historischer Ferne in einen den Schülern erfahrbaren Horizont, gewinnt das angeschnittene Problem Brisanz. Wäre in unseren Augen tatsächlich Geschlossenheit, Solidarität und Arbeitseinsatz, und nicht Unmut, ein Ringen, selbst an die Macht zu kommen, die logische Folge, wenn wir jedes Jahr, ohne darauf Einfluß nehmen zu können, an einen neuen Arbeitsplatz versetzt würden, wobei der Arbeitsertrag bei gleicher Arbeitsleistung durchaus absinken könnte? Wie würden wir mit der Ausstattung eines solchen Arbeitsplatzes (etwa den Maschinen) umgehen? Schonend, oder nur Rücksicht nehmend auf den eigenen Gewinn, ohne Rücksicht auf den Nachfolger? Vor diesem Hintergrund läßt sich ermessen, welche Werte und welche daraus sich ergebende Kraft Caesar den Germanen zuschrieb.

Aus der Caesarlektüre wohl vertraut ist den Schülern die Tatsache, daß im Lateinischen gerade die letzte Stelle im Satz besonderen Ton trägt. Läßt man nun am Beginn von Kap. 23 die in diesem Sinne betonten Satzstellen unterstreichen, so ergibt sich: *laus est . . . habere,* Ruhm besteht im Besitz, eine durchaus nicht überraschend erscheinende Verknüpfung. Nimmt man jedoch das Akkusativobjekt zu *habere (solitudines)* hinzu, so erschließt sich der paradox wirkende Satzinhalt: Ruhm besteht im Besitz von Einöde, Menschen-L e e r e. Eine Steigerung noch liegt im Zusatz *vastatis finibus.* Die Öde wird zielbewußt geschaffen, die Leere, die man besitzen will, soll sich *quam latissime* ausdehnen. Wahrlich ein wundersames Volk diese Germanen! Wie grundsätzlich anders wäre bei diesen Stämmen das vergilische *imperat arvis* (Georg. 1,99) zu verstehen! Und selbst germanische *virtus:* in Caesars Augen läßt sie sich zusammenfassen *(hoc proprium virtutis existimant)* als ein *expellere,* als ein Verhindern des *consistere* etwaiger Nachbarn (22,2).

Gleichgültig unter welchem Stichwort Caesar germanische Lebensweise betrachtet, immer – sei es im Kult, im Ackerbau, in der Beziehung der Stämme untereinander – scheint sie ihm zuallererst bestimmt durch das ‚nicht', durch ein Verhindern; bei all den ungeheuren Anstrengungen, die sie wachruft, sieht er sie als nicht produktiv zielgebunden.[22] Germanische Lebensweise ‚produziert', ja ‚kultiviert' Sicherheit (23,3), aber was darüber hinaus?

Fragen und Aufgaben zur Stunde:

Fassen Sie den Inhalt von Kap. 22 zusammen:

- in zwei Sätzen,
- in einem Satz,
- in einer Überschrift![23]

3.5 Fünfte Unterrichtsstunde: Kap. 23,4–9

Für Schüler der 10. Klasse/Jahrgangsstufe ist bei der Lektüre neben inhaltlichen Komponenten, neben motivierenden Un-

22 Diese fast durchgehende Eigenart der Germanenschilderung Caesars ist sicher nicht nur dadurch bedingt, daß es einem Fremden stets leichter ist, das festzustellen, was nicht den eigenen Erwartungen entspricht, als positiv auszudrücken, was das neue Gegenüber charakterisiert. Daß hier die bewußte auktoriale Intention durchschlägt, ließe sich leicht auch im Vergleich mit dem Gallierexkurs zeigen.

23 Thienel, H.: Lernziele des Lateinunterrichts. – Kiel 1972, IPTS-Schriften, Anm. 18, stellt bezüglich des Findens von Kapitelüberschriften durch Schüler dieser Jahrgangsstufe resignierend fest: „Auch der Eifer und der gute Wille der . . . Schüler widerlegt nicht die Tatsache der Überforderung." Zweifelsohne ist hier eine hohe taxonomische Stufe erreicht. Gerade deshalb bedarf es – wie hier vorgeschlagen – einer helfend-unterstützenden Fragestellung. Betont sei: Das Zusammenfassen (mehrerer) gelesener Kapitel in Sätzen oder Überschriften ist stets eine affektiv stark wirksame Aufforderung zur intensiven Textbegegnung. Deshalb sollte hierauf nicht verzichtet werden. Gruppenarbeit kann hier lohnenden Einsatz finden.

terrichtsformen, auch das Gefühl sehr wichtig: „Wir bewältigen auch größere Textabschnitte, wir treten nicht auf der Stelle". So lassen sie sich auch gerne fordern, wenn gelegentlich zu Beginn der Stunde ein umfangreicheres Textpensum zur Bewältigung vorgeschlagen wird, wie etwa 23,4–9.

Welches Verfahren führt gut zu diesem Ziel? Lassen wir uns von der *perspicuitas* Caesars führen – konkret wiederum von den Tonstellen der Sätze und beschränken wir uns zuerst (§ 7 wird noch ausgespart[24]) auf den jeweiligen Satzbeginn. Die Schüler benennen: *cum bellum* – *in pace* – *latrocinia* (von *latro* leicht ableitbar) – *hospitem.* Die Themen des Abschnittes sind hierdurch bereits markiert.[25] Das läßt sich auch an folgenden Merkmalen ablesen: 1. Caesar verwendet – den thematischen Neueinsatz für den Leser hervorhebend – jeweils die asyndetische Anküpfung. 2. Caesar baut hier die usuelle lateinische Wortstellung um, nach der das Subjekt an der herausgehobenen Satzspitze steht (nur *latrocinia* ist Subjekt). Dadurch betont er die nun den ersten Eindruck des Satzes bildenden Elemente noch stärker.

Nachdem der inhaltliche Erwartungshorizont umrissen ist, kann man zum einzelnen gehen: *cum bellum . . . magistratus . . . deliguntur; in pace nullus est communis magistratus; latrocinia nullam habent infamiam; hospitem violare fas non putant.* Im nächsten Schritt werden die noch fehlenden Satzglieder in 23,4 und 5 ergänzt.

Erschließungsfragen, die sich an inhaltlichen Erwartungen orientieren, helfen den Schülern, von der reinen Konstruktionsmethode weg zu kommen. Jenes Verfahren ist gerade bei Caesars Stil fruchtbar. Ist dieser doch in hohem Maße darauf ausgerichtet, die Satzelemente in ihre logische Abfolge zu stellen.

Betont man diese Stileigenschaft öfters, kann es durchaus sein, daß Schüler von sich aus protestieren, wenn sie einmal nicht

24 Er bildet, wie an der Einleitung mit *atque* leicht kenntlich, nur ein inhaltliches Anhängsel zu 28, 6.

25 Das von Caesar hier angewendete Verfahren der überschriftartigen Themenangabe durch den Satzbeginn ist den Schülern aus vielen Kapitelanfängen vertraut. Vgl. etwa Kap. 21 *Civitatibus,* Kap. 22 *Agri culturae.*

eingehalten zu sein scheint, etwa in 23,6. Der erläuternde Relativsatz ist dort gerade nicht zum Bezugswort gestellt. Wichtiger als die Antwort auf das ‚Warum?'[26] kann durchaus auch der bloße Hinweis auf die Tatsache dieser Umstellung sein. Daß sich an solchen „bescheidenen und erkennbaren Verschiebungen" das Auge der Schüler schärft für die Bezüge der Satzglieder, für die Vielfalt, in der diese Bezüge auftauchen können, daraus „erwächst der kontrastive Wert der Lektüre, sofern sie ein Teil des Sprachunterrichtes ist".[27]

In 23,7 finden wir den bei Caesar seltenen Fall einer „springenden Periode".[28] Hier eignet sich die Kästchenmethode mehr in der „retrospektiven Verdeutlichung".[29] Wir wählen deshalb die Einrückmethode, bei der sofort sinnfällig wird, *fore* und *profiteantur* sind in gleicher Weise von *dixit* abhängig.[30] Ferner kann man, wenn – bei Zeitmangel – die einzelnen Satzteile auf Folie nacheinander eingeblendet werden, durch größeren Abstand zwischen Zeile 2 und 3 den ‚Sprung' in der Periode auch optisch gut sichtbar und leicht durchschaubar machen.

Daß ein Relativsatz dem Hauptsatz vorangeht (23,8 *qui ex his* . . .), daran sind die Schüler gewöhnt. Weniger vertraut ist die Tatsache, daß dieser *vorgezogene* Relativsatz nicht nur, wie in 23,8 Subjektsatz sein kann, sondern ebensogut Objektsatz: *qui quacumque de causa* . . . (23,9).

Wichtiger ist bei diesem Abschnitt der Eindruck, den die Auswahl der Aspekte hervorruft: Im Frieden kennen die Germanen keine – oder sollen wir sagen, nicht einmal eine – den Einzelstamm übergreifende, einheitliche Leitung. ‚Germani-

---

26 Grundsätzlich gilt: Caesar schrieb nicht für Deutsche und deren Spracherwartung. Soweit wir sein Latein aber nachvollziehen können, erscheint diese Stellung gut begründet: Es entspricht der schon herausgearbeiteten Tendenz dieser Kapitel, wenn zuerst in aller Einprägsamkeit erfaßt wird, „Raubzüge bedeuten keineswegs etwas Ehrenrühriges" und erst dann die Einschränkung folgt, welche Räubereien genau damit gemeint sind.

27 Bayer, K.: Lernziele der Caesarlektüre, Interpretation der Dumnorix-Kapitel (BG 5, 1–8). In: AU XV (1972) 5, 5–25, bes. 6.

28 Zum Terminus vgl. Maier, F.: Lateinunterricht, 216.

29 Maier, F.: Lateinunterricht, 216.

30 Auch diese Abhängigkeit ist mit der Kästchenmethode nicht so deutlich markierbar.

sche Gefährlichkeit' wird durch dieses gerade in römischen Augen markante Defizit nicht betont, wohl aber verstärkt sich der Eindruck: Welch ein ungebundenes, unstetes Volk! Auch bei den *latrocinia* wird das Ungeplante, die Spontaneität ihres Zustandekommens klar herausgehoben: die Germanen ein Volk von ,Spontis' und Bürgerinitiativen. Die Römer werden dabei kaum anders empfunden haben als stirnrunzelnde Politiker unserer Tage.[31]

Fragen und Aufgaben zur Stunde:
1. Warum ist der Relativsatz in 23,4 *qui . . . praesint* kein indirekter Fragesatz, obwohl er im Konjunktiv steht?
2. In welchem Kasus ist das Demonstrativpronomen *ii* im Hauptsatz zu ergänzen in 23,8 und in 23,9 (2. Teil)?
3. Beschreiben Sie das von Caesar geschilderte germanische Gefolgschaftsprinzip! Dieses Prinzip gibt es auch heute noch.[32] Nach welchen Gesichtspunkten würden Sie es beurteilen?

3.6 Sechste Unterrichtsstunde: Kap. 24

Gleich zu Beginn von Kap. 24 erhält der Germanenexkurs, der bislang wesentlich Schilderung war, durch den Vergleich zwischen Kelten und Germanen eine neue, wesentliche Ausrichtung.[33] Sprachlich wird die Wichtigkeit des Vergleichs beider Völker durch Alliteration in der unmittelbaren Gegenüberstellung der Volksnamen und die bewußte Vermeidung der usuellen Wortstellung unterstrichen. Am Ende des Kapitels wird der

31 Heute trifft gerade das Fehlen straffer staatlicher Organisation (bei den Germanen) auf offene Schülerohren und verständnisvolle Billigung. Man kann dies gut zum Anlaß nehmen, ein Bewußtsein von der Zeitgebundenheit jeder Rezeption zu wecken.

32 Das von Caesar geschilderte Verfahren der Gruppenbildung für ein *latrocinium* ähnelt den gruppendynamischen Prozessen, wie sie sich bei Bildung und Zusammenhalt von Rocker- und Punkgruppen beobachten lassen. Das Gefühl, das einen „gestandenen Römer" bei Caesars Bericht überkam, kann ein Schüler also in etwa an den Reaktionen unserer Gesellschaft gegenüber solchen Gruppen ablesen.

33 Dieses Element war freilich in der Anlage des Exkurses immer schon mitgedacht. Vgl. 11,1 *quo differant hae nationes inter sese* und 21, 1 *Germani multum . . . differunt.*

Vergleich (bzw. die Unmöglichkeit, ihn gut zu bestehen) ausdrücklich als ‚Selbstaussage' der Gallier inhaltlich thematisiert. Der Text bis 24,3 soll durch verstehendes Lesen erfaßt werden. Hierfür sind die Eigennamen und die Konstruktionen vorzuklären.[34]

Im Restabschnitt des Kapitels bieten drei Stellen eine gute, weil durch sonstige Konstruktionsschwierigkeiten nicht verstellte[35] Chance, vom Kontext her eine nicht ‚gelernte Wortbedeutung' durch schrittweise Ausgrenzung nicht passender Übertragungen zu erarbeiten (24,4 *patientia* ‚Genügsamkeit', 24,5 *ad copiam atque usum* ‚zu Wohlstand und täglichem Bedarf', 24,6 *comparant* ‚sie stellen auf eine Stufe mit').[36]

Lektüre soll die Schüler schrittweise befähigen, selbständig Fragen an den Text zu stellen. Dieses ‚sich selbst bewußt in Bezug zum Text Setzen' unterbleibt oft, weil Texte ‚nichtssagend' erscheinen, weil der Transfer über das Lateinische hinaus nicht geleistet werden kann oder auch, weil die Abschnitte grammatikalisch, stilistisch, inhaltlich zu unübersichtlich wirken. So festigt sich beim Schüler der Eindruck: „Meine Fragen sind bestimmt entweder zu elementar oder zu abwegig."

Sicherheit bezüglich des Textinhaltes und eine Erleichterung des Schrittes hin zur gedanklichen Auseinandersetzung bietet das Verfahren der thesenartigen Zusammenfassung kurzer Abschnitte. Die angestrebten Ziele werden hierbei umso leichter erreicht, je konsequenter auf die strikte Trennung der zwei Fragebereiche geachtet wird: 1. Worin besteht die Kernaussage des Autors? und 2. Wie begründet er diese? (Ein dritter Fragebereich wäre dann: Durch welche stilistischen Mittel unterstützt der Autor Aussage und Begründung?)

34 Auch bei dem gewagten Hyperbaton in 24, 2 *ea . . . loca* lohnt es sich, über das bloße Konstatieren hinaus zu fragen. Das Präpositionalattribut, das dem Römer bei der freien lateinischen Wortstellung als stets besonderer Anbindung bedürftig erscheint, wird durch diese Stellung nicht von seinem Bezugswort getrennt; Caesar vermeidet die Stellung *ea loca, quae . . . sunt, circa Hercyniam silvam.*

35 Die Abtrennung der Periode nach *utuntur,* eventuell auch nach *largitur,* wird leicht erfaßt. Eine Hilfe bietet ja auch die Paragraphenzählung.

36 Läßt man die drei Feinübersetzungen erst im Anschluß an die Grobübersetzung des ganzen Kapitels erstellen, so bietet sich hierfür Gruppenarbeit an.

Es reizt gerade Schüler dieser Jahrgangsstufe, in der die Bereitschaft zur kritischen Stellungnahme so spürbar wächst, anhand dieser einfachen Schritte zu entdecken, wie eine zunächst rein *sachlich wirkende Aussage* sich überraschend als Teil einer *keineswegs gesicherten Begründung* erweisen kann. Wenden wir dieses Verfahren auf unser Textbeispiel 24,4–6 an und beginnen wir mit dem zuletzt Gelesenen. „Die Lebensführung der Gallier ist stark durch die Nähe zur römischen Provinz bestimmt. Im Laufe der Zeit trat eine Gewöhnung an die militärische Unterlegenheit gegenüber den Germanen ein." Dies mag zuerst als sachliche Aufzählung von Fakten erscheinen. Fassen wir nun die erste Hälfte des Abschnittes zusammen: Bei den Germanen[37] bewahrt das Verharren in Mangel und Not die zur *virtus* führende Lebensweise. Aussage (über *virtus*) und Begründung (Lebensführung) lassen sich hier (auch im Text) leicht scheiden *(quoniam . . . permanent)*. Auf diesem Hintergrund wird auch der zweite Passus durchsichtig als Aussage (über *virtus*) und Begründung (Lebensweise).[38]

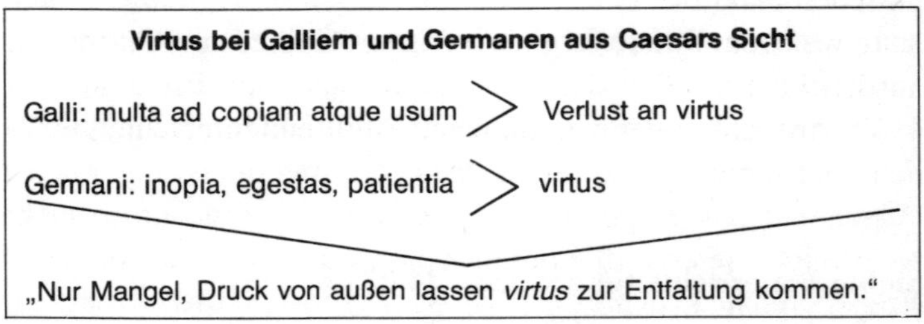

Caesar konstatiert bei den Nachbarvölkern: Mangel und Not sind es, wodurch *virtus* zum Tragen kommt. Leuchtet diese Begründung ein? Ist sie gar über den konkreten Fall hinaus gültig?[39]

37 Ich folge in 24, 4 dem Text der Teubneriana.

38 Für Inhaltserklärungen dieser Art ist auf die unterstützende Wirkung des Tafelbildes nicht zu verzichten.

39 Ist es so selbstverständlich, wie anscheinend hier von Caesar vorausgesetzt, daß die Umwelt über menschliches Verhalten enscheidet? Caesar selbst gilt ja vielen als ‚genialer Neuerer'.

Die Schüler erkennen, daß vor einer Stellungnahme zur Gültigkeit der Begründung Caesars geklärt sein muß, was genau mit *virtus* gemeint ist[40], ob unter Mangel, Not, wie bei Caesar, nur äußerer Mangel, Druck von außen zu verstehen sei.[41] Sie werden sich bewußt, daß die Suggestivkraft der Begründung Caesars gerade in der Ausschließlichkeit liegt, mit der sie formuliert ist.[42]
Wie an diesem Einzelbeispiel zu zeigen versucht, ist der Schritt zum Transfer über das Lateinische hinaus leichter zu vollziehen, wenn (offene oder versteckte) Begründungen eines Autors durch thesenartige Zusammenfassung in ihrer Problematik klar in den Blick geraten.

Fragen und Aufgaben zur Stunde:
1. In 24,1 erscheint *cum* mit Konjunktiv. Wie ist es hier zu übersetzen? Nennen Sie drei andere Übersetzungen von *cum* mit Konjunktiv!
2. Welches neue Element kommt mit Kap. 24 in den ethnographischen Exkurs?
3. In welchem Punkt vergleicht Caesar Gallier und Germanen ausdrücklich?
4. Worin sieht er den von ihm festgestellten Unterschied letztlich begründet?

3.7 Siebte Unterrichtsstunde: Kap. 24,25

In der vorangegangenen Stunde blieb eine Besonderheit des Kapitels 24 ausgeklammert, nämlich die Form *video* in 24,2. Caesar durchbricht die Fiktion des objektiven Berichterstatters der Commentarii und spricht von sich in der ersten Person. Nun ist es genau diese einzige Stelle im ganzen Exkurs, in der Caesar

40 Würden wir *virtus* einem Verhalten zuerkennen, das unter Zwang geschieht?
41 Hiermit sind Fragen angeschnitten, die die Schüler bei der Sallust-Lektüre eingehend beschäftigen werden.
42 Dieses Bewußtsein dürfte für die Herausbildung der allgemeinen Studierfähigkeit nicht unbedeutend sein.

ausdrücklich – unter Namensnennung – auf Vorgänger und abweichende Meinungen eingeht. Gerade der geheimnisumwitterte hercynische Wald schien ihm wohl besonders geeignet, sich von den zu seiner Zeit führenden griechischen Geographen, auch dem angesehendsten Ahnherrn dieser Zunft, dem Eratosthenes, abzusetzen.

Damit Caesars Anliegen bei der Schilderung des hercynischen Waldes nachvollziehbar wird, sollte an dieser Stelle ein kurzes (Schüler-)Referat über die Entwicklung des Erdbildes in der Antike stehen[43]. Stichwörter hierzu sind: Die schrittweise Erweiterung der jeweils bekannten Welt und ihre kartographische Erfassung durch griechische Geographen (Norden lag auf diesen Karten immer schon oben) – die Feldzüge Alexanders des Großen und ihre entscheidende Rolle für die Erweiterung des Erdbildes – die wissenschaftliche Auswertung des Alexanderzuges, Aufgabe des symmetrischen Erdbildes und Einführung von ‚Längen- und Breitengraden' durch Eratosthenes. Kurz ist ferner zu verweisen auf die schon in der Antike bekannte, aus der Kugelgestelt der Erde erwachsende, grundsätzliche Problematik der Kartographie und auf den Niedergang der exakten Geographie durch das Wiederaufkommen der Vorstellung der scheibenförmigen Erde bei den Kirchenvätern.

Vor diesem Hintergrund klären sich dann die für das Verständnis der Person Caesars wichtigen Motive, aus denen heraus er über den hercynischen Wald schreibt.

1. Er betritt als Römer die bislang griechische Domäne der Geographie.
2. Er übertrifft durch seine Kenntnisse die berühmten griechischen Geographen (selbst Eratosthenes). Sie kannten den hercynischen Wald nur durch die *fama,* vermochten nicht einmal den genauen Namen anzugeben.

---

43 Grundlage für das Referat ist Ditten, H.: Lexikon der Antike. – Leipzig/Wiesbaden 1977 (hrsg. v. Irmscher, J.), s. v. Kartographie 272. Ergänzend sollte hinzugenommen werden Lasserre, F.: dtv-Lexikon der Antike I 2. – München 1970^2, s. v. Geographie 143–149, 146. Vom gleichen Verfasser finden sich 314ff. für die Vorführung mit dem Epidiaskop geeignete Kartenbeispiele. Bei der Vergabe des Themas als Schülerreferat ist sehr behutsam vorzugehen. Da die Artikel voraussetzungsreich geschrieben sind, bedarf es auf alle Fälle klärender sachlicher Hinweise und eines genauen Abgrenzens der Schwerpunkte. Nebenbei sei angemerkt: Die in der christlichen Ikonographie häufig wiederkehrende Darstellung der vier Ströme des Paradieses nimmt die aus den Anfängen der griechischen Kartographie stammende Tradition der zwei sich senkrecht schneidenden und die Erde umfassenden Wassergürtel wieder auf, wie sie sich, um das bekannteste Beispiel zu nennen, auf dem Reichsapfel wiederfinden.

Hierher gehört auch, daß Caesar im Jahre 44 eine genaue Vermessung der gesamten οἰκουμένη befahl.

3. Als weite, unbekannte Gebiete erobernder Feldherr, der für die Wissenschaften, inbes. die Geographie, aufgeschlossen ist, sieht er sich als römischen Alexander.[44]

Einen Einblick, „wie sehr Caesar trotz aller Ungenauigkeit die geographischen Kenntnisse gefördert hat,“[45] und zugleich einen Einblick in die Genese von Wissenschaft überhaupt können die Schüler gewinnen, wenn man Kap. 25,1–4 vorübersetzt und daneben die kurze Passage aus Plutarch, Marius 11,9–10 stellt.[46]

Vergleichstext zu Caesar VI 25,1–4:

„. . . die Hauptmasse der Kimmerier, ein streitbares Geschlecht, wohne an den Ufern des Nordmeeres, in einem schattigen, waldreichen Land voll tiefer und dichter Wälder, welche die Sonne kaum durchdringen könne. Bis zum hercynischen Gebirge erstrecke sich dieser Wald. Unter diesem Himmelsstrich erreiche der Pol wegen der Neigung der Parallelkreise eine große Höhe, und der Polarstern stehe fast senkrecht über ihrem Scheitel, und die Zeit sei in Tage aufgeteilt, welche genauso lang oder kurz seien wie die Nächte. Hier habe Homer den Stoff für seine Schilderung des Totenreiches gefunden.“

aus: Plutarch, Leben des Marius (Übersetzung von K. Ziegler: Plutarch, Große Griechen und Römer, Bd. 6. – München 1980, 68)

Als Leitfragen bieten sich hierfür an: An welcher Art von Information ist Caesar gelegen, an welcher Plutarch? Welcher Maßstab läßt sich angeben für die Entscheidung, welcher der beiden Texte wissenschaftlicher ist?

Caesar, ein durchaus wissenschaftlicher Kopf! Kaum erscheint den Schülern diese Folgerung eingängig, da rückt sie durch die Lektüre der anschließenden, ins Fabulöse tendierenden Zeilen (25,5)[47] schon wieder ins Zwielicht. „Seltsame, nur im hercynischen Wald vorkommende Tiere“, das klingt ja ganz nach

44 Zum Gedanken vgl. Hornig, G.: Kommentar, 118.

45 Hornig, G.: Kommentar, 118.

46 Wie gleich zu zeigen, nimmt der so eingebundene Plutarchtext der Frage, ob die Kap. 26–28 nicht von Caesar stammen, viel von ihrer ‚akademischen‘ Ferne.

47 Ein kurzer Vorverweis auf den Inhalt der anschließenden Kapitel wird dies unterstreichen. Zur Übersetzung: Der Bezug des *in ea* wird zuerst Schwierigkeiten verursachen. Hier hilft wiederum ein Befragen des Satzes nicht nur nach grammatikalischen Normen, sondern nach den von der Logik her zu erwartenden Ergänzungen.

Plutarch, der sich gerade eben von Caesar noch deutlich unterschieden hatte. Welche Folgerung müssen wir ziehen? Entweder ist es mit Caesars Wissenschaftlichkeit doch nicht so weit her, oder wir ‚retten' Caesar und geben den Text auf. Wir behaupten dann, die Passage stamme nicht von Caesar, sie sei vielmehr von einem Abschreiber, der mit seinem Wissen prunken wollte, eingeschoben worden.

Greifen wir einer Antwort nicht vor, sondern halten wir nur fest: Es handelt sich bei den Kapiteln über die Tierwelt des hercynischen Waldes auf alle Fälle um einen Exkurs im Exkurs oder genauer, um einen Exkurs am Ende des Exkurses. Mit dieser Feststellung aber erweitert sich die Frage nach der Echtheit um einen weiteren Problemkreis. Wenn nämlich schon jeder Exkurs die Frage aufwirft, wie er sich zur Einheitlichkeit des Werkes verhalte, so verschärft sich dieses Problem durch den neuen Einschub. Steht Caesar nach allem nicht nur als Geograph lediglich auf plutarchscher Rangstufe, sondern flicht sich auch in seinen literarischen Lorbeerkranz manch welker Zweig?

Folgen wir zuerst dem Schriftsteller Caesar und versuchen wir, seine Finesse zu entdecken. „In welchem Falle können wir von Caesars Exkurs sagen, er stütze die thematische Einheit des Werkes?" – „Wenn er ein Thema der rahmenden Partien aufgreift." So werden wir, ehe wir uns mit den umstrittenen Kapiteln befassen, zu dem Textpassus geführt, der sich an den Exkurs anschließt. (Die ausgesparten Kapitel werden auf die nächste Stunde anhand der Übersetzung inhaltlich erschlossen – Zeichnungen der Tiere werden angeregt – die Leitfragen lauten: 1. Unter welchem Blickwinkel stehen Auswahl und Schilderung der Tiere? 2. Welcher Bereich im Menschen wird hierdurch besonders angesprochen?)

Die Kernaussage von 29,1 ist schnell gefunden: *Caesar . . . constituit non progredi longius.* Anhand einer Wort-für-Wort-Übersetzung klärt sich auch im Deutschen die Raffinesse dieser Wortstellung: *longius* ist bis zum betonten Satzende aufgeschoben. So wird aus dem Abblasen eines Vorrückens, das noch nicht begonnen hat, ein Abstandnehmen von weiterem Vormarsch. Wenn die Satzstellung hier beschönigen soll, so verweist sie auf die ‚Ungewöhnlichkeit' des Schrittes, auf die Notwendigkeit einer Rechtfertigung. In der Tat, der Abbruch eines Unternehmens scheint Caesars Art zu widersprechen. „Mit Galliern ist er niemals so verfahren."[49] Daß der Exkurs auch die Funktion hat, dieses *Caesar constituit* zu rechtfertigen, darauf verweist Caesar direkt, indem er in die Begründung seines Entschlusses die Parenthese fügt *ut supra demonstravimus (minime . . . agri culturae student)*.

Fragen und Aufgaben zur Stunde:

1. Aus welchen Motiven heraus schreibt Caesar über den hercynischen Wald?
2. In wessen Fußstapfen tritt er damit als Feldherr?
3. Welches Merkmal für die Wissenschaftlichkeit einer Beschreibung läßt sich am Vergleich der Schilderung des hercynischen Waldes bei Caesar und bei Plutarch gewinnen?
4. In welchem deutschen Landschaftsnamen kann man ein Fortleben des hercynischen Waldes mit seiner geheimnisumwitterten Düsterheit sehen?
5. Inwiefern bedarf der Satz in 29,1 *constituit non progredi longius* einer Rechtfertigung?

3.8 **Achte Unterrichtsstunde:** Aussage und Funktion des Germanenexkurses

In dieser zusammenfassenden Stunde steht das fragend-entwickelnde Unterrichtsgespräch im Vordergrund. Die schrittweise Klärung der Zusammenhänge wird in folgendem Tafelbild festgehalten:

48 Klingner, F.: C. Iulius Caesar. In: Römische Geisteswelt. – München 1965[5], 90–109, 109.

Tafelbild **Die Funktion des ethnographischen Exkurses**

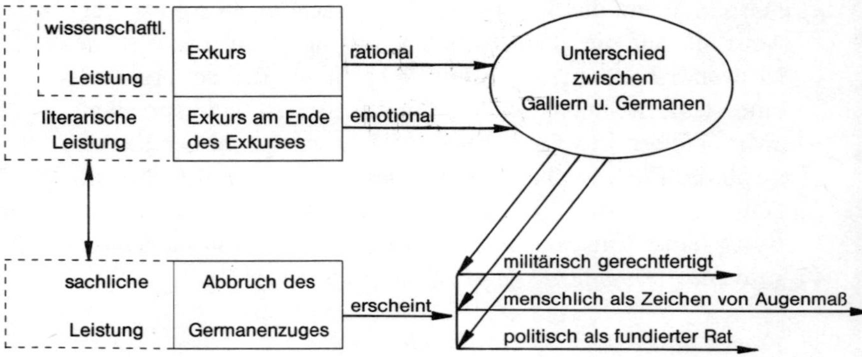

In der vorangegangenen Stunde hatte sich gezeigt: 1. Der ethnographische Exkurs steht unmittelbar vor der Schilderung eines, wie es scheint, nicht caesarhaften Verhaltens Caesars. 2. Ein Kapitel über die Germanen in diesem Exkurs dient auch der Rechtfertigung für das Aufgeben des Germanenfeldzuges. Zumindest ein Teil des Exkurses scheint somit hinreichend in die Haupthandlung eingebunden. Prüfen wir, ob sich auch vom Rest des Germanenexkurses sagen läßt, er sei Rechtfertigung für Caesars Zurückweichen! Wir suchen hierzu die Kernaussage dieses Abschnittes herauszudestillieren. Wir gehen dabei vor wie bei der Analyse eines Satzes und nehmen an, Anfang (der ja auch im alltäglichen Gespräch oft entscheidende ‚erste Eindruck') und Schluß (sozusagen das ‚letzte Wort')[49] ließen die Absicht des Autors besonders betont und deshalb klar erscheinen: *Germani multum ab hac consuetudine differunt* (21,1) – *ne se ipsi (Galli) quidem cum illis (Germanis) virtute comparant* (24,6). Wir gewinnen als Kernanliegen des Abschnittes: Betonung des Unterschiedes zwischen Galliern und

---

49 Zur Formulierung vgl. Bauer, R./Grosser, H./Maier, F.: Cursus Latinus – Systemgrammatik. – Bamberg/München 1981, 239 Anm. 1.

Germanen (womit sich Caesar, wie schon erwähnt, gegen einen zu seiner Zeit geläufigen Irrtum wendet).
In der Betonung der Andersartigkeit der Germanen kann aber aus römischer Sicht noch keine hinreichende Rechtfertigung für den Abbruch des Feldzuges gegen sie liegen; gehörten doch zum Imperium recht verschiedenartige Völker. Wir müssen versuchen, die Art des von Caesar gemeinten Unterschiedes genauer in den Griff zu bekommen.
Bei der Lektüre des Gallierexkurses hatte sich gezeigt: Caesar betont besonders deren *crudelitas* (16,2; 16,4; 16,5; 17,3; 17,5; 19,3; 19,4).[50] Ganz im Rahmen römischer Herrschaftsideologie[51] begründet Caesar dadurch eine Rechtfertigung, ja Verpflichtung, dieses Volk in den Machtbereich Roms einzugliedern, da es nur so von seiner eigenen Grausamkeit befreit werden und zur ordnenden, mäßigenden Zivilisation gelangen könne.
Bei der Schilderung der Germanen hatte Caesar auf eine Rechtfertigung dieser Art keinen Wert gelegt. Hier kam es ihm darauf an (wie oben erarbeitet), die unbezähmte, ja unbezähmbare Dynamik der Germanen, ihre tief verwurzelte Abneigung gegen Festlegung, gegen Stetigkeit zu zeigen.[52] Welche Haltung könnte Römern ferner liegen? Können Römer aus Feldzügen, auch siegreichen, gegen solch ein Volk Gewinn ziehen? Die Germanen sind ja nicht nur äußerst tapfer, sie sind ‚die ganz anderen'. Die Gallier, ein Volk, das es verdient, römisch zu werden – die Germanen ein Volk, an dem jede Mühe hierfür vergeblich wäre.
Halten wir dies als Kern des Exkurses fest! In welchem Lichte erscheint dann (oder soll aus Caesars Sicht erscheinen) jenes: *Caesar constituit non progredi longius?* In welchem Lichte zeigt sich hier der Feldherr, der Mensch und der Politiker Caesar? M i l i t ä r i s c h gesehen erscheint auf diesem Hintergrund die

---

50 Zu diesen Angaben vgl. THIENEL, H.: Lernziele, 12.
51 Vgl. etwa Cic. Verr. 2, 4, 73.
52 Hierin liegt auch eine nachträgliche Rechtfertigung für den Hinauswurf des Ariovist aus dem ‚römischen' Gallien.

Selbstbescheidung Caesars als gerechtfertigt. Für das Bild, das Caesar von sich als Menschen zeichnet, ergibt sich mehr als Rechtfertigung, ergibt sich der Hinweis (gar Beweis?): „Hier handelt einer mit Augenmaß, einer, der um die Grenzen des Machbaren weiß."[53] Und es ergibt sich der Rat des Politikers Caesar: Von einer Ausdehnung des Imperiums auf germanisches Gebiet ist abzusehen. (Wie weitsichtig dieser Rat ist, zeigt das katastrophale Scheitern der Pläne des Augustus, die Elbe zur Reichsgrenze zu machen.) Der Exkurs begründet diesen Rat materiell (bei den Germanen gibt es nichts zu holen), militärisch (die Germanen zielen mit ihrem ganzen Lebensvollzug auf größtmögliche Kriegstüchtigkeit), psychologisch (die Germanen sind von ihrer Grundeinstellung her kein Volk, das sich im geordneten Rahmen beherrschen läßt).

Der Exkurs ist also weit mehr als eine bloß ethnographische Studie, weit mehr auch als eine bloße Rechtfertigung. Wir sehen aber zugleich, diese breite Funktion des Exkurses für das Bild, das Caesar von sich erstellt, hängt ganz entscheidend daran, daß der fundamentale Unterschied der Germanen zu den Kelten dem Leser deutlich wird.

Deshalb liegt auch in der Verdeutlichung dieses Unterschiedes gewissermaßen ein Test für die Fähigkeit des Schriftstellers Caesar. Wenden wir uns deshalb nach dem Feldherrn, dem Menschen, dem Politiker wiederum dem Schriftsteller Caesar zu und fragen von hier aus nochmals nach Funktion (und damit Echtheit) jenes Exkurses am Ende des Exkurses.

Die von den Schülern zuhause erarbeitete Kurzcharakteristik dieses Abschnittes wird hier eingebracht und schließt sich an die Frage, unter welchem Aspekt Caesar diese Tiere schildert, und die rekapitulierende Paraphrase von 25,5 an: Auswahl und Schilderung betonen Besonderheit und Unterschied zu allen

---

53 Dies ist wichtig, wenn man davon ausgeht, daß sich Caesar gern als zweiter Alexander sah, und damit dessen Verhalten am Hydaspes vergleicht; vgl. OPPERMANN, G.: Caesar. In: Interpretationen lateinischer Schulautoren (hrsg. v. KREFELD, H.). – Frankfurt 1970², 28–50, 47.

den Römern bekannten Tieren. (Schon die ‚Überschrift' für die Schilderung (25,5) lautet ja *quae reliquis in locis visa non sint . . . quae maxime differant a ceteris*). Germanien, in dem diese Tiere leben, also wiederum ‚das ganz andere Land'. Die Aussage der Passage vom Einhorn, von gelenklosen Elchen und wunderstarken Uren deckt sich also mit der Tendenz des Exkurses insgesamt. Aber sie erreicht Zusätzliches. Nicht mehr an die *ratio,* wie im Hauptexkurs, sondern an die Phantasie, an das Gefühl richtet sich der Autor hier – wohl wissend um das pädagogische Gesetz aller Zeiten: Informieren, Wissensvermittlung wird erst dann zur In-forma-tion im eigentlichen Sinne, wird erst dann ‚formend' oder ein-präg-sam, wenn sie nicht nur den Kopf anspricht, sondern auch tiefere Schichten im Menschen be-eindruckt. Um auf dieser zweiten Ebene die grundsätzliche Besonderheit der Germanen dem Leser nochmals zu vermitteln, dafür scheinen Art und Plazierung des Exkurses am Ende des Exkurses meisterhaft gewählt.

Zusammenfassend halten wir fest: Daß Caesar Gallien eroberte, war für dieses Land der tiefste Einschnitt in seiner Geschichte. Für die gesamte europäische Geschichte prägend war aber, daß Caesar den Unterschied zwischen Germanen und Galliern erkannte und diese ethnologische Erkenntnis in politische Tat umsetzte, daß er sich deshalb nicht anschickte, Germanien zu erobern, sondern daß er den Rhein als politisch-militärische Grenze festlegte. Das war dieser Strom z. Z. Caesars noch keineswegs; denn sowohl im Elsaß wie am Niederrhein hatten sich Germanenstämme bereits linksrheinisch angesiedelt.[54]

---

54 So betont SEEL, Caesarstudien, 42f., daß Caesar „tatsächlich eine erst späterhin völlig deutlich werdende Entwicklung gestaltend vorwegnimmt und auf diese Weise eine zunächst nur keimhaft vorhandene Realität nicht nur mit den Waffen, sondern daneben auch schon mit dem Wort schafft. Womit zugleich Caesars Verhalten (gegenüber Ordnungen überhaupt) angesprochen wäre: nämlich sich nicht auf passive Hinnahme zu beschränken, sondern Ordnungen selbst zu schaffen und zu begründen, nicht anders als auch seine grammatikalische Theorie in ‚de analogia' auf ein aktives Ordnen hinausläuft, im Gegensatz zur passiven Hinnahme des anomalistisch auf ihn Zukommenden."

Unter diesem Aspekt erscheint der ethnographische Exkurs und seine Einbettung in die Handlung des Bellum Gallicum als Zentralstelle jeder Caesar-Lektüre. Er ist dies umso mehr, als sich hier an einem für die Schüler überschaubaren Beispiel zeigen läßt: Bei Caesar sind intellektuelle, auch wissenschaftliche Leistung und darauf beruhende Sachentscheidung verbunden nicht nur durch die Macht der Argumente. Beides ist vielmehr im Spannungsfeld der politischen Auseinandersetzung und unter dem damit verknüpften Willen zur Selbstdarstellung verbündet mit der entscheidenden Macht sprachlich-pädagogisch meisterhafter Darstellung dieser Argumente.[55]

4. Zusammenfassung in Thesen

Zur Rechtfertigung des Germanenexkurses:

- Die Themen des Germanenexkurses eröffnen – über die Befriedigung des antiquarischen Interesses hinaus – eine Fülle von affektiv gut wirksamen Ansatzpunkten, den Schüler durch den Blick auf das Fremde das Eigene klarer sehen zu lassen.
- Stilistisch bieten die Kapitel, da sie syntaktisch leichter sind als vieles im übrigen Caesartext, ein für Schüler gut über- und durchschaubares Anschauungsmaterial für Caesars klare, bis in letzte Feinheiten dringende stilistische Präzision.
- Die Begründung, die Caesar für sein Haltmachen am Rhein liefert, bietet in ihren verschiedenen Aspekten eine typisierende Zusammenfassung vieler, bei der Lektüre sonst nur einzeln greifbarer Fähigkeiten und Aspekte der Persönlichkeit Caesars.
- Die Folgerung, die Caesar aus seiner Erkenntnis des Unterschiedes zwischen Kelten und Germanen zog, nämlich den Rhein zur politischen Grenze zu machen, wirkt bis heute prägend auf die europäische Geschichte.

---

55 Gerade Letzteres wird oft verkannt. Vgl. etwa BECKMANN, F.: Geographie und Ethnographie in Caesars Bellum Gallicum. – Dortmund 1930, 158.

Wilhelm Hundsrucker

Medieneinsatz bei der Caesar-Lektüre
Zum Beispiel: Der Helvetier-Krieg

1. Medien als Motivationshilfe

„Caesar hat nun einmal nicht für Tertianer geschrieben, und das gilt für Cicero-Reden und Plinius-Briefe ebenso. Lateinunterricht auf der Mittelstufe, da kommt es auf Anschaulichkeit und Lebendigkeit an.“[1]
In der Tat, gerade für den Unterricht in den Alten Sprachen kommt es ganz entscheidend darauf an, die Schüler für die in den Lehrplänen festgelegten Lerninhalte zu motivieren, freilich nicht, wie aufgrund harter Kritik gegen das Fach als Stressor der Schule oft fälschlicherweise gefolgert wird, „durch eine den Gegenständen nicht angemessene Senkung der Ansprüche, auch nicht durch eine mit Gefälligkeitsnoten unvertretbare Maßstäbe setzende Leistungsbewertung“, sondern vielmehr „durch eine primäre, aus dem Angebot eines Unterrichtsgegenstandes herrührende oder zumindest mit ihm verbundene Motivation, die auch im Methodischen, in der Gestaltung der auf den Gegenstand bezogenen Unterrichtsorganisation wurzeln kann.“[2] Diese Notwendigkeit ergibt sich in besonderem Maße bei der Erstlektüre, wofür in den Lehrplänen der Bundesländer Caesar vorgeschlagen, in aller Regel sogar verbindlich vorgeschrieben ist.[3]
Wenn bei den Schülern der Mittelstufe (S I), die dem Fach Latein nach dem vorausgehenden vier- bzw. zwei- bis dreijähri-

1 So Clasen, A.: Feindliche Brüder? Die Fremdsprachen im Gespräch. In: Anregung 28 (1982), 29.

2 Hohnen, P.: Einige kritische Anmerkungen zur Didaktikdiskussion des altsprachlichen Unterrichts. In: Gymn. 87 (1980), 328.

3 Zur Stellung Caesars in den Lehrplänen der Bundesrepublik siehe Maier, F.: Der lateinische Lektüreunterricht auf der Sekundarstufe I. In: Fachdidaktisches Studium. Alte Sprachen 2 (hrsg. v. Gruber, J./Maier, F.). – München 1982, 74ff.

gen Grammatikunterricht erfahrungsgemäß mit oft mangelndem Interesse begegnen[4], durch Anschaulichkeit und Lebendigkeit in der Unterrichtsgestaltung wieder neues Interesse für das Fach selbst geweckt werden soll[5], so eignet sich hierfür in besonderer Weise auch der Einsatz moderner Unterrichtsmedien[6], wofür im folgenden einige Beispiele ‚aus der Praxis für die Praxis' im Rahmen einer Lektüre des Bellum Helveticum vorgestellt werden sollen.

2. Gestaltung der Einführungsstunde

Bei der Erstlektüre kommt im Hinblick auf die Motivation und Sensibilisierung der Schüler für die bevorstehende Unterrichtssequenz der Gestaltung der Einführungsstunde eine nicht geringe Bedeutung zu. Wenn es dem Lehrer, der „gerade im Lateinunterricht der entscheidende Motor jeder Motivation ist"[7], gelingt, den Einstieg in den Autor methodisch motivierend zu gestalten und auf diese Weise auch bei Schülern Interesse für den Gegenstand zu wecken, so ist aufgrund dieser Erwartungshaltung der Schüler für die folgende Lektüre schon viel gewonnen.[8] Aus diesem Grund wurde die Einführung in den Autor bzw. die Hinführung zur ersten Lektüre noch in der ersten Stunde[9] in einer Weise gestaltet, die einen kombinierten

4 Vgl. Maier, F.: Latein in der Mittelstufe – Ein Fach ohne Profil und ohne Prestige? In: Neukam, P. (Hrsg.): Widerspiegelungen der Antike. Klassische Sprachen und Literaturen, Bd. XIV. – München 1981, 105.

5 Vgl. Maier, F. (Mittelstufe, 105): „Neugierde und Interesse stehen unter den primären Kräften der Motivation an vorderster Stelle."

6 Siehe auch Hansen, J. G./Jäkel, M.: Motivation im Lateinunterricht II. In: AU XXII 5 (1979), 24: „Die Ikonisierung stärkt . . . die kognitive Motivation und die icherweiternde Anregungsvariable und damit die Leistungsmotivierung."

7 Willer, R.: Motivation im altsprachlichen Unterricht am Beispiel Latein. In: Fachdidaktisches Studium. Alte Sprachen I (hrsg. v. Gruber, J./Maier, F.). – München 1980, 57.

8 Vgl. Maier, Mittelstufe, 105.

9 Die Wichtigkeit der Begegnung mit dem lateinischen Original noch in der ersten Stunde betonen auch Rieger, E.: Der Mensch im Spannungsfeld zwischen eigenem Wollen und gottgerechtem Sollen (II). Ein Unterrichtsprojekt zu Ovid: Niobe – Mensch und Schicksal. In: Anregung 26 (1980), 297 und Gößwein, U.: Martial-Lektüre in der Mittelstufe/Sekundarstufe I. In: Lateinische Dichterlektüre II. Auxilia 5. – Bamberg 1982, 17.

Medieneinsatz mit dem verbal Vorgetragenen wirkungsvoll verband. Im einzelnen war die erste Stunde folgendermaßen aufgebaut:

In Anlehnung an die mehr popularwissenschaftlich gehaltene, aber reich und gut bebilderte Caesarbiographie in der Reihe ‚Leben und Werk der Großen der Welt'[10] und an die Caesarmonographie von HANS OPPERMANN[11] wurde von mir zunächst ein Text zu Caesars Leben und politischer Karriere unter Einbeziehung des zum Verständnis nötigen Zeithintergrunds zusammengestellt und, auf Kassette gesprochen, den Schülern vorgespielt, wobei die technische Qualität der Aufnahme – etwa allein durch die Verteilung des Textes auf verschiedene Stimmen – noch sehr hätte verbessert werden können.

In Entsprechung zum Text wurden – nach dem Vorbild der Schulfunksendungen des bayerischen Rundfunks für den Deutschunterricht in den Jahrgangsstufen 5 und 6 der Gymnasien – für die Hand des Schülers Arbeitsblätter erstellt und zugleich in ihrer Grundform auf Folie gebrannt.[12]

Auf dem einen Arbeitsblatt geht es im wesentlichen um Caesars Anfänge bis hin zum Beginn seiner politischen Karriere; dennoch aber wurde dafür ein eigenes Blatt verwendet, weil sowohl die Abstammung Caesars aus der gens Iulia und die damit gegebene Rückführung des Geschlechts über Aeneas (verdeutlicht durch das Münzbild auf der linken Seite) auf die Göttin Venus als auch Caesars Schicksal während der Auseinandersetzung zwischen dem ihm verwandtschaftlich nahestehenden Marius als Anführer der Popularen und seinem Gegner Sulla als dem Anführer der Optimaten und die dabei bewiesene Standfestigkeit bereits wesentlich sind für die Persönlichkeit Caesars. Die weiteren Angaben auf diesem Blatt sollen das Bild des Autors abrunden, darüber hinaus aber auch kurz Einblick in das Ausbildungssystem dieser Zeit geben; am Ende steht die berühmte Seeräuberepisode.

Das zweite Arbeitsblatt gibt einen Überblick über Caesars politischen Aufstieg von seiner Tätigkeit als Quästor in Spanien bis hin zu seiner Wahl zum Konsul im Jahre 59 als unmittelbare Folge seines Zusammengehens mit dem politisch

---

10 Caesar und seine Zeit (hrsg. v. ORLANDI, E.). – Verona 1967.
11 OPPERMANN, H.: J. Caesar in Selbstzeugnissen und Bilddokumenten. – Hamburg 1968.
12 Siehe hinteres Vorsatzblatt!

hochkarätigen Pompeius und dem Geldmagnaten Crassus[13] und der Zuteilung der beiden gallischen Provinzen als prokonsularischen Tätigkeitsbereich.
Über den speziellen Werdegang des Autors hinaus gewinnt der Schüler damit zugleich Einblick in die wesentlichen Stationen des Cursus honorum und lernt auch die Zuständigkeitsbereiche der einzelnen Ämter kennen.
Dabei wurde mit dem Tageslichtprojektor in folgender Weise gearbeitet:
Die Arbeitsblätter wurden, wie schon erwähnt, in der auch den Schülern vorliegenden Grundform auf eine Folie gebrannt und fest mit einem Folienrahmen[14] verbunden. Ein erstes – ebenfalls vorgefertigtes – Overlay enthält die vorgesehenen Eintragungen, die dann in Entsprechung zu dem Text aufgedeckt und dabei von den Schülern in das Arbeitsblatt eingetragen werden. Mit einem zweiten Overlay werden in einem anschließenden Unterrichtsgespräch die wichtigsten Stationen des Lebenswegs nochmals verdeutlicht.
Damit sind – gerade auch durch die Hervorhebung der Caesar zugeteilten Amtsbereiche Gallia Cis- und Transalpina – für die Schüler die nötigen sachlichen Voraussetzungen und Verständnisgrundlagen für Caesars Agieren in diesem Gebiet geschaffen.

Im Anschluß an diese historische Information zum Autor, die in der eben dargestellten Form mit dem Ausfüllen der Arbeitsblätter und der anschließenden Herausarbeitung der wesentlichen Ereignisse ca. 30 Minuten in Anspruch nimmt, sollte man m. E. unbedingt noch in dieser Einführungsstunde auch den Autor selbst zu Wort kommen lassen, d. h. mit der Originallektüre beginnen.[15] In der verbleibenden Zeit ist es ohne weiteres noch möglich, die Abschnitte 1/2 des ersten Kapitels des Bellum Gallicum gemeinsam mit den Schülern zu übersetzen.
Wenn dann die von Caesar mitgeteilte Aufgliederung Galliens ebenfalls optisch verdeutlicht wird durch eine entsprechende Karte (unbedingt auch für die Hand des Schülers) oder aber

13 Von Crassus, dem dritten Mann des Triumvirats ließ sich bei der Zusammenstellung des Arbeitsblattes trotz intensiver Suche keine Darstellung finden; auf der anderen Seite aber war in diesem Zusammenhang zur optischen Verdeutlichung des Sachverhalts (= Triumvirat) auch ein Bild des Crassus unbedingt erforderlich. In diesem Zwiespalt zwischen dem Anspruch der Wissenschaftlichkeit auch im Schulalltag und den pädagogisch-didaktischen Erfordernissen wurde in diesem Fall letzterem der Vorzug gegeben und stellvertretend für Crassus eine den Schülern wohl kaum bekannte Büste gesetzt, die eigentlich den Redner Hortensius darstellt (Rom, Vatikan).

14 Die Vorteile der Verwendung derartiger genormter Rahmen zur Befestigung von Transparenten zeigt auf Müller, W.: Der Tageslichtprojektor im Lateinunterricht. Auxilia 1. – Bamberg 1981, 15.

15 Vgl. Anmerkung 9.

auch durch das Transparent 10 aus der ‚Realienkunde' von WERNER MÜLLER[16], hat der Schüler im Verlauf der Einführungsstunde in die bevorstehende Caesar-Lektüre einen Überblick erhalten über Caesars Leben und Werk bis hin zum Zeitpunkt seines Eingreifens in Gallien.[17] Er hat darüber hinaus auch von wichtigen, das Leben des Autors entscheidend beeinflussenden Zeitumständen erfahren und schließlich eine, wenn auch zunächst noch knappe geographische Vorstellung vom Raum des kommenden Geschehens erhalten und ist damit wohl auch ein wenig neugierig gemacht auf das nun folgende Geschehen.

3. Der Einsatz des Tageslichtprojektors

„Ein neues Medium erobert die Welt des Unterrichts. Wo auch immer gelehrt, vorgetragen und erklärt wird, hat die Tageslichtprojektion ihren festen Platz . . . Auch in der Schule hat die Tageslichtprojektion ihren Einzug gehalten."[18] Diese Feststellung MÜLLERS findet ihre Bestätigung in der Tatsache, daß inzwischen wohl jede Schule über mehrere derartige Geräte verfügt.

Trotz der offensichtlichen Vorteile aber, die der Tageslichtprojektor für die Unterrichtsorganisation bietet, wurde dieses Medium im altsprachlichen Unterricht zunächst nur wenig eingesetzt und auch in der Methodik „nur sehr stiefmütterlich behandelt und höchstens am Rande erwähnt."[19]

In jüngster Zeit freilich wurde auch schon vonseiten der Fachdidaktik in verstärktem Maße auf die Bedeutung der Veranschaulichung eines Sachverhalts oder Problems durch optische

16 MÜLLER, W.: Realien zu Caesar – Caesars Helvetierkrieg, zunächst SHB-Wien 1978, nun auch Klett-Verlag/Stuttgart 1982.

17 Der Überblick über Leben und Werk des Autors wurde bewußt nicht – wie meist üblich – zusammenhängend in der 1. Stunde gegeben, sondern aus Gründen der Unterrichtsorganisation und der Motivation auf insgesamt drei – zeitlich voneinander getrennte – Abschnitte aufgegliedert und an passender Stelle weitergeführt.

18 MÜLLER, Tageslichtprojektor, 4.

19 MÜLLER, Tageslichtprojektor, 5.

Darstellung hingewiesen.[20] „Bekömmlich wird das Lateinlernen“ – so FRIEDRICH MAIER – „nur dann, wenn das Schwarz-Weiß der bloßen Deskription durchbrochen wird durch Bild, Farbe, Graphik und Symbol.“[21] Diese Feststellung hat nicht nur Gültigkeit für das eigentliche Erlernen der Sprache im Grammatikunterricht, sondern auch für die Anwendung des Gelernten im Rahmen der Lektüre und ihrer verschiedenen Bereiche:

3.1 Übersetzung

Gerade der Übergang vom Übungsbuch zur Originallektüre fällt den Schülern oft recht schwer. Deshalb kommt es in dieser Phase des Unterrichts, in der gewissermaßen die Tür in einen weiten Raum geöffnet werden soll, in besonderer Weise darauf an, im Schüler eben nicht den „üblichen Schock“ entstehen zu lassen, „daß er nichts mehr herausbringt“[22], sondern ihm vielmehr nach und nach Einblick und Verständnis für die Struktur der Sprache und den Stil des betreffenden Autors zu vermitteln.

Und gerade hierfür ist der Tageslichtprojektor in besonderer Weise geeignet, ja, „die Strukturanalyse, die ja ohne graphische Darstellung nicht denkbar ist, fordert geradezu die Verwendung des Tageslichtprojektors.“[23] Deshalb ist es nicht verwunderlich, daß auf diesem Gebiet schon vor MÜLLERS zusammenfassender Darstellung für die Arbeit mit dem Tageslichtprojektor auch im altsprachlichen Unterricht Vorschläge und Beispiele vorgelegt wurden.[24] Neben dem Visualisierungseffekt

20 Siehe etwa MAIER, F.: Lateinunterricht zwischen Fortschritt und Tradition, Bd. 1. – Bamberg 1979, 56–71.

21 MAIER, Lateinunterricht, 70.

22 So WILLER, a.O., 64.

23 MÜLLER, Tageslichtprojektor, 37.

24 Besonders zu erwähnen ist in diesem Zusammenhang GROTZ, H.: Einsatz von Arbeitstransparenten zur Strukturanalyse lateinischer Satzperioden. In: Handreichung zur Fortbildung für den altsprachlichen Unterricht 1977, Materialien zum Lateinunterricht in Mittel- und neugestalteter Oberstufe. – München 1977, 22–54; daneben auch WEIß, M.: Der Tageslichtprojektor im Unterricht – Mit Beispielen aus dem sprachlichen Bereich. In: Anregung 18 (1972), 29–34; oder auch STEPHAN-KÜHN, F.: Der Overheadprojektor im Lateinunterricht. In: Anregung 20 (1974), 257–260.

spricht dabei auch die erhebliche Zeitersparnis für den Einsatz dieses Mediums, was im folgenden durch ein Beispiel verdeutlicht werden soll:

BG I 8,4

> Helvetii ea spe deiecti navibus ratibusque compluribus factis alii vadis Rhodani, qua minima altitudo fluminis erat, nonnumquam interdiu, saepius noctu si perrumpere possent, conati operis munitione et militum concursu et telis repulsi hoc conatu destiterunt.

Die eigentliche Schwierigkeit bei der Auflösung dieser Satzperiode besteht in einer möglichst guten und vor allem auch logischen Umsetzung der vielen Partizipialangaben ins Deutsche. Dazu wird zunächst auf einer vorbereiteten Grundfolie der Satzkern *(Helvetii . . . destiterunt)* – in Anlehnung an den Text – in entsprechend weiter Sperrung festgehalten.

Darauf folgt (Overlay 1) – wiederum in der Reihenfolge des Textes – eine Auflistung der Partizipialausdrücke im Abdeckverfahren mit einer entsprechenden farblichen Kennzeichnung als Participium coniunctum bzw. Ablativ mit Partizip.

In einem zweiten Overlay wird die Zuordnung des si-Satzes und die dadurch bedingte Übersetzung mit ‚ob' und auch – wiederum im Abdeckverfahren – die Zugehörigkeit und die Funktion der Nomina: *munitione, concursu, telis* geklärt.

Nun kann der Satz – zunächst in ganz wörtlicher, noch nicht logisch aufeinander bezogener Form der einzelnen Aussagen – übersetzt werden.[25] Dabei lassen sich folgende Handlungsschritte erkennen:

Enttäuschung einer bestimmten Hoffnung der Helvetier – Bau von Schiffen und Kähnen – Versuch des Übersetzens über den Fluß – Mißerfolg – dadurch bedingte Aufgabe des Unternehmens. Im Anschluß an diese inhaltliche Umsetzung als Verständnisgrundlage wird gemeinsam mit den Schülern nach einer möglichst guten und treffenden Übersetzung gesucht, die dann abschließend noch mit einigen gedruckten Übersetzungen verglichen werden kann, auch mit dem Ziel, den Schülern an einem konkreten Beispiel die Gefahr des gedankenlosen Benützens einer Übersetzung aufzuzeigen.

---

25 Eine derart beiordnende Übersetzung der Kernaussagen als erster Teilschritt für die Erarbeitung einer Übersetzung wird vorgeschlagen von Benedicter, K.: Einführung in die Strukturanalyse als Abschluß des Übungsbuchs ‚Cursus Latinus' Bd. III. – Bamberg/München 1980².

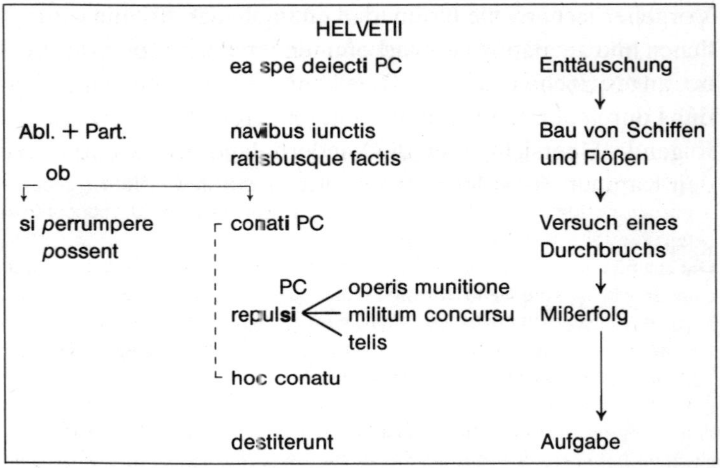

Dieses Bemühen um eine Verdeutlichung der Satzstruktur kann freilich nur dann erfolgreich sein, wenn zugleich auch die im Grammatikunterricht erworbenen Sprachkenntnisse entsprechend gesichert werden. Mit anderen Worten: Es ist für eine auf Dauer nutzbringende und erfolgreiche Lektüre unbedingt auch erforderlich, wesentliche Erscheinungen der Syntax zu wiederholen und zu vertiefen; dies wird auch in den Lehrplänen allenthalben betont.[26]

Für diese Arbeit gibt es im wesentlichen zwei Methoden, nämlich zum einen eine systematische Wiederholung anhand entsprechender grammatischer Lektüre-Begleitbücher[27], zum andern eine textbezogene Aufbereitung bestimmter – häufig vorkommender – Phänomene der Syntax. Diese Art der Wiederholung erfordert vom Lehrer allerdings einen Mehraufwand an Zeit und Vorausplanung, denn es darf ja nicht immer um dieselben Probleme gehen; vielmehr muß auch bei diesem

26 So z. B. im Bayerischen Lehrplan für Latein als 2. Fremdsprache in der Jahrgangsstufe 10, KMBl 16/1979: „Auch nach Abschluß der Phase des Sprachunterrichts werden die Schüler ständig angehalten, ihre Sprachkenntnisse innerhalb des schrittweise aufgebauten Sprachsystems zu ordnen, zu sichern und zu vertiefen".

27 So etwa Maier, F.: Die Version aus dem Lateinischen. – Buchners Verlag Bamberg.

Vorgehen sichergestellt sein, daß im Laufe der Zeit die wesentlichen und am häufigsten vorkommenden Phänomene der Syntax angesprochen werden. Dies kann bei entsprechender Planung durch den Lehrer ohne weiteres erreicht werden, wie die folgende Übersicht über die wiederholende Spracharbeit zu den Kapiteln 1–14 des 1. Buches des Bellum Gallicum zeigt:

Kapitel	Erscheinung	Paragraph[28]
1	*cum* als Präposition	–
	cum als Konjunktion	
2	Participium coniunctum	137/138
3	Gerundium/Gerundivum	142–145
4	Supinum	146
5	Ablativ mit Partizip	139/140
6	(Der römische Kalender)	(189)
7	Relativsätze im Konjunktiv	181
	Möglichkeiten zum Ausdruck der finalen Sinnrichtung	
13/14	Indirekte Rede	184/185

Auch im Rahmen dieser wiederholenden Spracharbeit kann der Tageslichtprojektor gewinnbringend eingesetzt werden, nicht nur wegen der damit verbundenen Zeitersparnis, die freilich gerade auf diesem Gebiet – bei in der Regel nur mehr 3(!) Unterrichtsstunden im Fach Latein in der Mittelstufe – zu Buche schlägt, sondern darüber hinaus auch wegen der Möglichkeit der optischen Vergegenwärtigung sprachlicher Phänomene und ihrer mnemotechnischen Wirkung.
Ein Beispiel soll dies belegen:

Wie aus der oben abgedruckten Übersicht ersichtlich ist, wurde im Zusammenhang mit dem 1. Kapitel versucht, die vielfältigen Verwendungsmöglichkeiten von *cum* zusammenzutragen und zu systematisieren.
Zu diesem Zweck wurde auf Folie eine Graphik vorbereitet, die die Schüler zugleich als Arbeitsblatt erhielten.

28 Die Angabe der Paragraphen ist – exempli causa – bezogen auf die ‚System-Grammatik' zum Unterrichtswerk ‚Cursus Latinus'. Es läßt sich dafür auch jede andere Grammatik verwenden.

In diesem Raster werden zunächst – ausgehend von den Wendungen im Text: . . . *quibuscum bellum gerunt* bzw. . . . *cum Germanis contendunt* und dem Gliedsatz am Ende des Kapitels: . . . *cum aut finibus suis eos prohibent aut ipsi in eorum finibus bellum gerunt* – die verschiedenen Verwendungsweisen von *cum* als Präposition und Konjunktion festgehalten.
Nach dieser grundlegenden Unterscheidung wird im konjunktionalen Bereich wieder unterteilt in ‚indikativische' und ‚konjunktivische' Verwendung und dabei das erwähnte Textbeispiel entsprechend eingeordnet, verbunden mit dem Versuch, die Art des Nebensatzes mit dem üblichen Fachterminus zu bezeichnen. Im Anschluß daran werden anhand kurzer bzw. auch entsprechend verkürzter Caesarsätze die übrigen Raster in der gleichen Weise ausgefüllt, also wieder jeweils mit Angabe der Übersetzung und Benennung des Gliedsatzes.
Dabei erwies sich gerade aufgrund der vielfältigen Verwendungsmöglichkeiten von *cum* die Arbeit mit einem Folienrahmen als günstig:
Die Grundfolie mit dem bloßen Raster wird fest mit dem Rahmen verbunden. In die vorbereitete Graphik werden je nach dem Unterrichtsgeschehen die einzelnen Schülerantworten in Form von kleinen, streifenförmigen Overlays eingeklappt. Für die Benennung der Nebensatzarten werden Folienstückchen oder Plexiglas-Bausteine[29] verwendet.

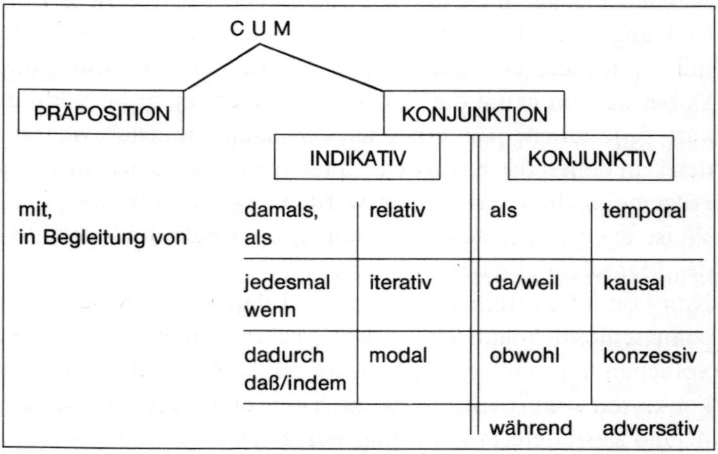

Nach der Erarbeitung dieses Schemas, die insgesamt etwa 20 Minuten in Anspruch nimmt, wird – wie auch bei der Wiederholung der übrigen sprachlichen Erscheinungen – eine

29 Zu dieser Bausteintechnik vgl. MÜLLER, Tageslichtprojektor, 30–32.

Gruppe von zwei bis drei Schülern damit beauftragt, im Verlauf der folgenden Lektüre alle Sätze mit *cum* in konjunktionaler Verwendung zu sammeln und dann bis zu einem bestimmten Zeitpunkt auf einem Hektogramm vorzulegen.
Auf diese Weise wird die einmal wiederholte sprachliche Erscheinung über den jeweiligen Einzelfall ihres Vorkommens hinaus einige Zeit später nochmals angesprochen und so weiter gefestigt.

3.2 Interpretation

Das wohl wichtigste Ergebnis der fachdidaktischen Arbeit zum Aufweis der Berechtigung der Alten Sprachen im Bildungsangebot und Fächerkanon des Gymnasiums als Antwort auf die Legitimationskrise gegen Ende der 60er Jahre war wohl die Gleichstellung von sprachlicher Arbeit und Interpretation bzw. Auswertung der im Unterricht gelesenen Texte. Diese Entwicklung, die zu einer Aufwertung der Inhalte der Texte führte, fördert eine Begegnung mit der antiken Literatur. Dabei werden heute die Textaussagen nicht mehr als vorbildhaft genommen, sondern eher als „Denkmodelle" verstanden[30], in denen das historisch Einmalige und zugleich auch das Allgemeingültige erkennbar werden, so daß sich auf diese Weise auch Einsichten in existentielle Grundbefindlichkeiten des Menschen ergeben.
Nun kommt es freilich entscheidend darauf an, inwiefern es gelingt, diesen hohen inhaltlichen Anspruch, den sich die Alten Sprachen mit dieser Neukonzeption gesetzt haben, in der konkreten Unterrichtspraxis durch eine entsprechend angelegte und gestaltete Auswertung der gelesenen Texte auch zu realisieren. Auch hierfür läßt sich der Tageslichtprojektor

30 Ausführlich hierzu Maier, F.: Antike Texte als „Denkmodelle". In: Anregung 25 (1979), 364–378; konkretisiert wird diese Theorie von dems.: Sallusts „Catilinarische Verschwörung" als Denkmodell. Ein Beispiel für „Politische Erziehung im Lateinunterricht". In: Anregung 26 (1980), 81–91.

bestens einsetzen. Wie bei der herkömmlichen Tafelanschrift nämlich können bei der Arbeit mit diesem Gerät bei entsprechender Anlage von Overlays die einzelnen Schritte der Interpretation in logischer Folge dynamisch auseinander entwickelt werden. Der wesentliche Vorteil des Tageslichtprojektors gegenüber der Tafelanschrift aber besteht neben der zeitlichen Ersparnis und dem Visualisierungseffekt vor allem auch in der Vielseitigkeit der Einsatzmöglichkeit: So kann z. B. das im Rahmen der Textauswertung erstellte Transparent zu Beginn der folgenden Stunde bei der Wiederholung nochmals eingesetzt werden. Auf diese Weise bleibt der Interpretations- und Begründungszusammenhang jederzeit vorgegeben, was gerade bei der Caesar-Lektüre wichtig ist. Die Schüler merken so in der Tat allmählich, wie die einzelnen Aussagen aufeinander bezogen sind und sich auseinander entwickeln. Zugleich können mit Hilfe dieses Mediums gegebenfalls rasch auch die für das Verständnis notwendigen technischen oder geographischen Realien verdeutlicht werden. Obwohl sich also gerade für diesen Bereich eine Fülle von Möglichkeiten ergeben und auch – speziell für die Lektüre des Bellum Helveticum – von mir entsprechende Transparente erarbeitet und im Verlauf des Unterrichtsprojekts mit einigem Erfolg auch eingesetzt wurden, kann hier aus gebotener Kürze nur ein Beispiel vorgestellt werden. Dabei wird in diesem Fall nicht nur das fertige Transparent (s. S. 133) abgedruckt, sondern im Verlauf der Darstellung auch dessen Entstehung in den einzelnen Phasen (= Overlays) unter Einbeziehung der farblichen Gestaltung erläutert.

Beispiel: BG. I 1,2

Caesar beginnt die Darstellung des Bellum Gallicum mit einer Einteilung der Bewohner im Land des kommenden Geschehens, die nach dem Zitat des berühmten Einleitungssatzes auf dem fest mit dem Rahmen verbundenen Grundtransparent folgendermaßen verdeutlicht wird:

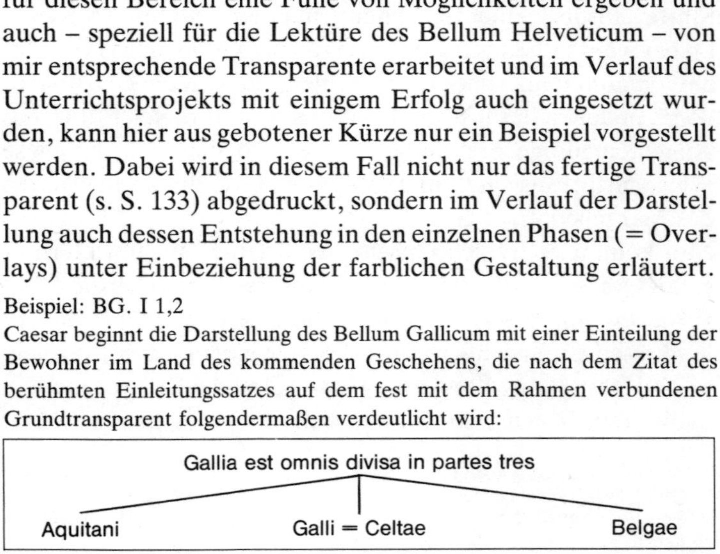

Nach dieser einleitenden geographisch-ethnographischen Aufteilung Galliens, die nach KLINGNER „mindestens karg, teilweise unbrauchbar ist, wenn man sich ein Bild von Land und Leuten machen will“[31], spricht Caesar von der Tapferkeit der Belger, die er als *horum omnium fortissimi* bezeichnet, und er begründet anschließend diese *fortitudo* in drei Schritten, wobei die geographische Nähe zu den Germanen als gewichtigstes inhaltliches Argument, aber wohl auch aus erzähltechnischen Gründen an den Schluß der Darstellung gerückt ist.

Diese Aussage Caesars wird in der folgenden – auf die wesentlichen Stichworte verkürzten – Form auf einem ersten Overlay (mit schwarzer Beschriftung) eingeklappt und in Anlehnung an die Abfolge des Textes schrittweise aufgedeckt:

Belgae
||
fortissimi
– longissime absunt a < cultu / humanitate provinciae
– minime saepe mercatores commeant
– Germanis sunt proximi

Gerade dieser Gesichtspunkt – die Satzverknüpfung mit *qua de causa* verdeutlicht es – dient als Übergang zu einer ersten Kurzcharakteristik der Helvetier als ein wie die Belger durch Tapferkeit aus den übrigen Galliern herausragendes Volk, was in diesem Schaubild auf einem zweiten Overlay (in brauner Beschriftung) folgendermaßen verdeutlicht wird:

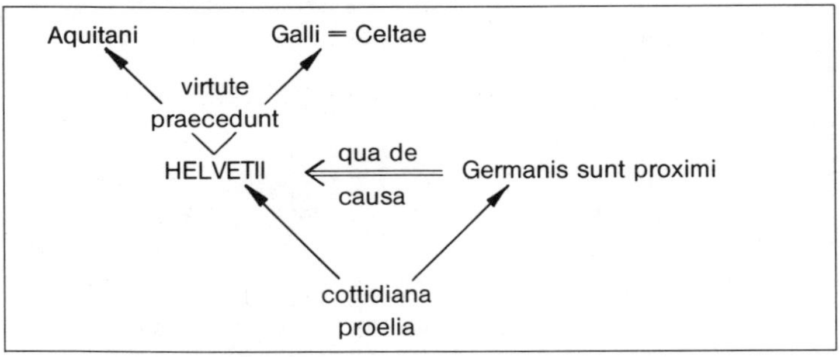

Dabei soll die räumliche Anordnung des Volksnamens etwa in der Mitte des Transparents die Bedeutung dieses Stammes als Zielpunkt des Eingangskapitels und darüber hinaus auch für die weitere Entwicklung zeigen.

An dieser Stelle erscheint es angebracht, neben der inhaltlichen Aussage des Autors auch die sprachliche Gestaltung in die Interpretation mit einzubeziehen.

31 KLINGNER, E.: C. Iulius Caesar. In: Römische Geisteswelt. – Stuttgart[5] 1979, 95.

Zu diesem Zweck wird auf einem bereits vorbereiteten Transparent der Text der Paragraphen 3/4 des Eingangskapitels in der Einrückmethode vorgelegt.[32] Anhand dieser Schreibweise erkennen die Schüler rasch die weitgehend parallele Grundstruktur der beiden Sätze, die durch entsprechend angelegte Overlays und farbige Gestaltung noch verdeutlicht wird:
In beiden Fällen geht der Hauptsatz voraus und enthält jeweils eine Feststellung (Overlay 1/blau), die sich auf die Tapferkeit der beiden Völker bezieht (Overlay 2/rote Markierung).
In beiden Fällen folgt eine Begründung, wobei – wie schon bei der inhaltlichen Interpretation herausgestellt worden ist – jeweils die Germanen gewissermaßen als Prüfstein und Beweis für die Tapferkeit dienen (Overlay 3/gelbe Markierung).
Und wenn man schließlich nach dem Vorschlag von Glücklich[33] nach einem „auffallend vertretenen Wortfeld" sucht, fallen sogleich Ausdrücke aus dem Bereich des Kriegführens und Kämpfens auf, die z. T. sogar an besonders betonten Stellen im Satz stehen und in ihrer Wiederholung und Dichte „Absicht und Interesse des Schreibers verraten"[34] (Overlay 4/Markierung in roten Schrägstrichen).

horum omnium fortissimi sunt Belgae

propterea quod longissime absunt minimeque . . .

commeant atque important proximique sunt Germanis,

FESTSTELLUNG

qui trans Rhenum incolunt,

quibuscum continenter bellum gerunt.

BEGRÜNDUNG

qua de causa Helvetii . . . reliquos Gallos virtute praecedunt,

quod cotidianis proeliis cum Germanis contendunt,

cum aut suis finibus eos prohibent

aut ipsi in eorum finibus bellum gerunt.

32 In dieser Form bietet Glücklich den Text der §§ 3/4 im ‚Arbeitskommentar mit Zweittexten' zu der von ihm erstellten Caesarausgabe (Klett-Verlag, Stuttgart 1977).

33 Das erste Buch des ‚Bellum Gallicum' im Schulunterricht. In: AU XV 5 (1972), 49; vgl. auch ders.: Arbeitskommentar, Kap. 1, A-Aufgaben, Nr. 3a–c.

34 Glücklich, Das erste Buch, 49.

Damit ist am Ende des 1. Kapitels der Blick auf die Helvetier gelenkt, die als kriegslüsternes Volk erscheinen.
Bei den Helvetiern nun – *apud Helvetios* ist gleichsam wie eine „Überschrift, wie eine Angabe der Blickrichtung“[35] an den Anfang des folgenden Kapitels gestellt – tritt zunächst eine Person in den Vordergrund, deren Name in einem großen Spannungsbogen einprägsam an den Schluß des Satzes gestellt ist, nämlich Orgetorix. Dieser Mann nimmt aufgrund seines Reichtums und seiner Herkunft eine überragende Stellung ein und drängt, getrieben von der Begierde nach Herrschaft, das Volk der Helvetier zur Auswanderung aus ihrem Gebiet. Diese Aussage Caesars wird in einem dritten, in sich nochmals unterteilten Overlay (in grüner Beschriftung) in folgender Weise in die Darstellung einbezogen:

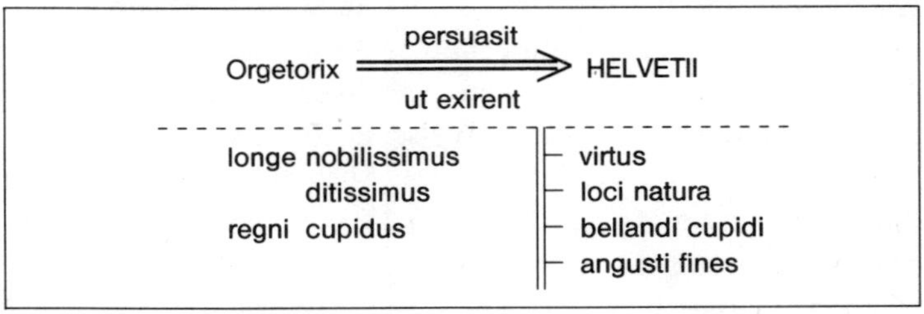

Um die Helvetier für diesen Plan zu gewinnen, verweist Orgetorix – psychagogisch wirkungsvoll – auf die in ganz Gallien einzigartige *virtus*. Damit trifft er genau den Kernpunkt: Die Helvetier – von Caesar nochmals als *homines bellandi cupidi* bezeichnet – empfinden eben in dem Bewußtsein ihres Kriegsruhms und ihrer Tapferkeit *(pro gloria belli atque fortitudinis)* ihren derzeitigen Wohnraum als zu eng und streben danach, ihr von natürlichen Grenzen eng umschlossenes Gebiet zu verlassen (Overlay 4, das wegen der Beziehung der Aussage auf die Helvetier ebenfalls in brauner Farbe gehalten ist und untereinander – siehe oben – die entscheidenden Ausdrücke aufweist).
Aber auch für die Verdeutlichung der *loci natura,* die – als reale Gegebenheit – eigentlich erst zum Konflikt mit den Römern und zu Caesars Eingreifen führt und daher den Schülern als Verständnisgrundlage unbedingt auch optisch vor Augen geführt werden soll, ist im Rahmen dieses Transparents noch Platz (Overlay 5 mit den Umrissen des helvetischen Gebietes und der Bezeichnung der Grenzen durch Caesar).
Die Schüler erkennen dabei rasch, daß aufgrund der Charakterisierung dieser natürlichen Grenzen mit den beiden Elativen *altissimus* und *latissimus* beim Rhein und dem Elativ *altissimus* beim *mons Iura* und dem Fehlen eines derartigen Adjektivs bei der dritten Grenze, dem *Lacus Lemannus* und dem

35 Jäkel, W.: Der Auswanderungsplan der Helvetier. In: AU I 4 (1952), 45.

flumen Rhodanus, als Stoßrichtung für die geplante Auswanderung eigentlich nur der letztgenannte Weg durch die römische Provinz als der am wenigsten hinderliche zu erwarten ist.[36]
In Verbindung mit der *auctoritas* des Orgetorix und dessen Überredungskünsten lassen diese *res,* wie Caesar zu Beginn des 3. Kapitels gewissermaßen zusammenfassen feststellt[37], den zunächst nur latent vorhandenen Plan zu einem festen Entschluß werden, der seinerseits wiederum zu konkreten Vorbereitungsmaßnahmen führt und auf diese Weise das die Handlung vorantreibende Motiv darstellt.

Diese Schaubilder, die im Zusammenhang mit der Auswertung eines Textes bzw. eines Textzusammenhangs wie ein Tafelbild am Projektor entwickelt werden, werden von den Schülern in ein Sachheft (Interpretationsheft) übertragen, das in seiner Aufteilung den verschiedenen Arbeitsbereichen des Unterrichts entspricht. Auf diese Weise entsteht im Verlauf der Lektüre ein Geheft, das über den sachlichen Informationswert hinaus aufgrund der erarbeiteten Schaubilder auch optisch anspricht, zumal die Schüler an geeigneten Stellen auch zu eigenen Darstellungsversuchen des Gelesenen angeregt werden.[38]

3.3 Realienkunde

Gerade im Zusammenhang mit der Caesar-Lektüre wird es immer erforderlich sein, den Schülern, wie schon mehrmals angedeutet, als Verständnisgrundlage auch die Kenntnis bestimmter Realien zu vermitteln. Das gilt sowohl im Hinblick auf geographische Angaben im Text als insbesondere auch für den weiten Bereich technischer Details.

---

36 Für den römischen Leser als dem eigentlichen Adressaten von Caesars Feldbericht bedeutet dies eine Gefährdung römischer Interessen, zumal aufgrund der vorausgehenden Charakterisierung der Helvetier. S. o. 68ff.

37 Overlay 6.

38 Zur Einbeziehung dieser ‚produktiven Rezeption' in den Unterricht vgl. Maier, F.: Caesar redivivus. Politische Bildung am Zentralautor der Mittelstufe. In: Informationen aus der Vergangenheit (hrsg. v. Neukam, P.). Klassische Sprachen und Literaturen XVI. – München 1982, 173; dort finden sich auch zwei Beispiele für solche Schülerzeichnungen (S. 177/188).

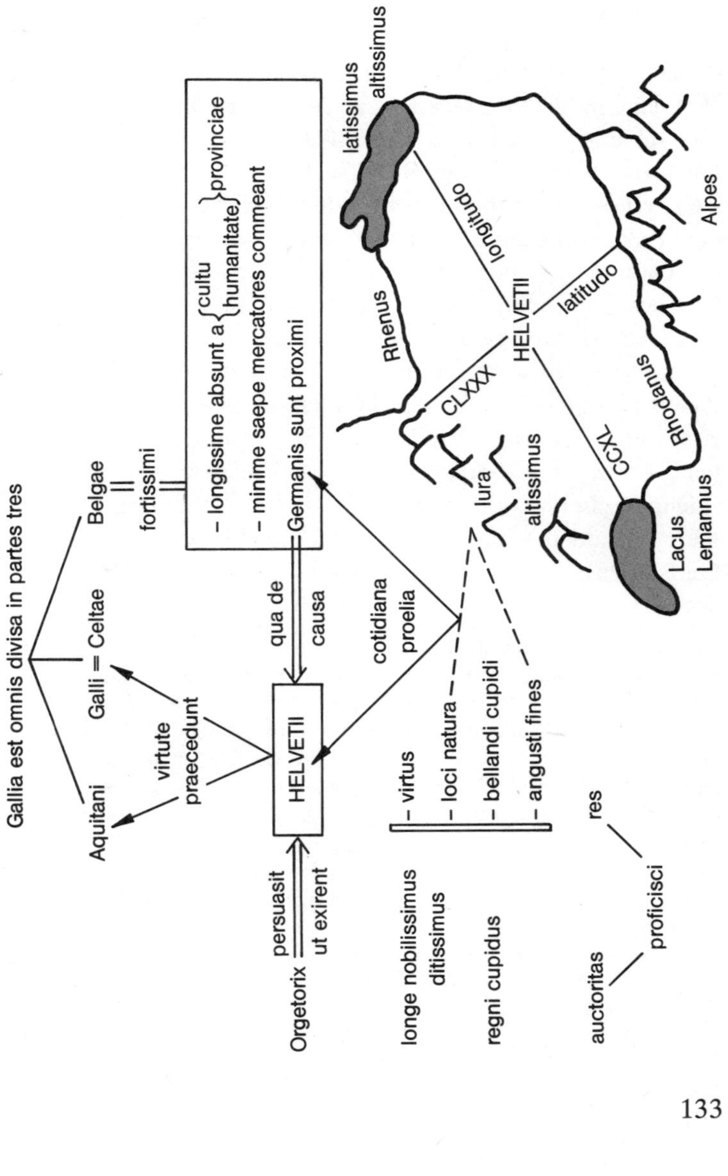
Gallia est omnis divisa in partes tres
Aquitani
Galli = Celtae
Belgae
fortissimi
virtute praecedunt
HELVETII
– longissime absunt a cultu humanitate provinciae
– minime saepe mercatores commeant
– Germanis sunt proximi
qua de causa
cotidiana proelia
Orgetorix
persuasit ut exirent
longe nobilissimus
ditissimus
regni cupidus
– virtus
– loci natura
– bellandi cupidi
– angusti fines
auctoritas
res
proficisci
latissimus
altissimus
Rhenus
longitudo
latitudo
HELVETII
CLXXX
CCXL
Iura
altissimus
Rhodanus
Alpes
Lacus Lemannus

„So erleichtert eine Karte Galliens mit einer als Overlay gestalteten Einteilung der drei großen Volksgruppen sicher das Verständnis des wichtigen ersten Kapitels“[39], und für das Verständnis des Auswanderungsplans der Helvetier ist, wie schon gezeigt, eine Vorstellung von der besonderen *loci natura* des Gebiets eigentlich unabdingbar; ebenso gewinnen die vielfach vorkommenden Fachtermini aus dem Bereich des Kriegswesens für den Schüler ganz wesentlich an Plastizität und Realitätsbezug, wenn derartige Begriffe, wie sie etwa für die Ausrüstung eines römischen Legionärs oder auch für die verschiedenen Belagerungsmaschinen verwendet werden, anhand entsprechenden Bildmaterials auch optisch vorgestellt werden.
Daß der Tageslichtprojektor gerade auch für diesen Zweck gut eingesetzt werden kann, braucht nach den bisher dargestellten Verwendungsmöglichkeiten dieses Geräts wohl nicht mehr eigens betont zu werden. Zudem hat WERNER MÜLLER – speziell für die Lektüre von Caesars ‚Helvetierkrieg‘ eine Overhead-Transparent-Serie[40] geschaffen, die, wie aus ihrer Bezeichnung hervorgeht, in erster Linie als Realienkunde konzipiert ist und die Vorteile der Overheadprojektion auf dem Gebiet der lektürebegleitenden Sachinformation eindrucksvoll unter Beweis stellt.

Diese Overhead-Transparent-Serie, die „dem Lateinlehrer die Möglichkeit geben soll, die Lektüre von Caesars Helvetierkrieg (BG. I 1–29) mit speziell für diesen Abschnitt der Commentarii hergestelltem Anschauungsmaterial zu begleiten“[41], besteht aus insgesamt 20 – zumeist mehrfach überlappbaren und mehrfarbigen – Transparenten, deren Anlage und Einsatz in einem Beiheft näher erläutert wird, zu folgenden Bereichen: Das römische Heerwesen (6 OT) – Geschichtlich-politische Voraussetzungen (3 OT) – Textillustrationen zu einzelnen Kapiteln des Helvetierkriegs (8 OT) – Geschichtliches (3 OT).
Diese von MÜLLER erarbeiteten Schaubilder sind nicht nur Illustration und Auflockerung, sondern auch eine veranschaulichende Interpretationshilfe für den Text.

39 MÜLLER, Tageslichtprojektor, 33.
40 MÜLLER, vgl. Anmerkung 16.
41 MÜLLER, Realienkunde, Beiblätter.

4. Einsatz auditiver Mittel

Im Gegensatz zu den Neuen Sprachen und deren hauptsächlichem Lernziel der Sprachfähigkeit und „aktiven Sprachbeherrschung im Sinne einer kommunikativen Kompetenz“[42] handelt es sich bei den Alten Sprachen in erster Linie um Literatursprachen, deren „Erlernen . . . im Normalfall vom schriftlich fixierten Text und Sprachmaterial ausgeht. Die Verwendung auditiver Mittel scheint demnach . . . unnötig zu sein“.[43]
Dennoch aber können und sollen, wie ROHRMANN aufzeigt, gerade auch im Lektüreunterricht Tonträger als Motivationshilfe in den Unterricht einbezogen werden, allerdings nicht in erster Linie für die Arbeit an und mit den Texten[44], sondern vor allem zur Vermittlung von Information, etwa über den Autor, über eine geschichtliche Epoche oder auch über kultur- und geistesgeschichtliche Zusammenhänge.[45]
Hierfür ist im Zusammenhang mit der Einführungsstunde bereits ein Beispiel vorgestellt worden. In gleicher Weise wurde, wie dort schon erwähnt[46], der 2. Abschnitt des Überblicks über Leben und Werk des Autors gestaltet: Er umfaßt im wesentlichen die Zeit vom Beginn des Gallischen Kriegs bis hin zur Beendigung des Bürgerkrieges und war nach der Lektüre des Bellum Helveticum angesetzt.[47] Dabei wurde die selbst erstellte Sendung im Sinne von JUNG[48] wiederum als ‚Leitmedium‘

---

42 ROHRMANN, L.: Auditive Mittel im altsprachlichen Unterricht. In: Fachdidaktisches Studium. Alte Sprachen 2, 266; vgl. zu dieser Thematik auch ders.: Auditive Texterfassung im altsprachlichen Unterricht. In: AU XX 1 (1977), 27–42.

43 ROHRMANN, a.O., 266.

44 Anregungen für einen derartigen Einsatz auditiver Medien gibt ROHRMANN, a.O., 269–271.

45 Vgl. ROHRMANN, a.O., 269: „Natürlich ist es möglich, diese Informationen statt dessen durch Lehrer- oder Schülerreferate zu vermitteln. Entsprechende Beiträge des Hörfunks werden aber . . nicht nur den Unterricht auflockern, sondern auch den Stoff selbst anschaulicher und wirkungsvoller darbieten“.

46 Siehe Anmerkung 17.

47 Die zumeist statarische Lektüre der Kapitel 1–29 des 1. Buches dauerte bis etwa Ende Januar.

48 JUNG, U.: Überlegungen zum Stellenwert des Schulfunks im neusprachlichen Unterricht. In: Die Neueren Sprachen, Bd. 81 (1982) H. 4, 352–377.

eingesetzt und durch ein entsprechendes Overhead-Transparent und Arbeitsblatt für den Schüler[49] in ihrer Wirkung unterstützt.

Für den dritten und letzten Abschnitt konnte auf eine Produktion des Schulfunks mit dem Titel: ‚Caesars Tod' zurückgegriffen werden:[50]

Diese Sendung, die am 4. 6. 1980 im Rahmen des Schulfunkferienprogramms ausgestrahlt worden ist, vermittelt einen Überblick über die Geschehnisse um Caesars Tod, die, ausgehend von einer kurzen Analyse des historischen und gesellschaftlich-politischen Hintergrunds, in ihrer zeitlichen Abfolge dargestellt werden.

Dabei wird versucht, anhand der Gestalten des Brutus und des Cassius die Beweggründe aufzuzeigen, die zum Entstehen eines derartigen Plans und schließlich auch zu seiner Realisierung geführt haben. In diesem Zusammenhang werden vor allem der ständige Machtmißbrauch durch den Diktator und das Anbieten der Königskrone durch Antonius am Luperkalienfest genannt.

Daneben vermittelt die Sendung – vor allem auch wegen der z. T. szenischen Ausgestaltung – einen guten Eindruck von den Ereignissen nach dem Bekanntwerden von Caesars Ermordung: Von der fast chaotischen Verstörung und völligen Planlosigkeit der Verschwörer, die zwar den Diktator beseitigt, aber nicht die erforderlichen weiteren Schritte bedacht haben; von dem Haßausbruch des Volkes auf die Caesarmörder, angeheizt noch durch die Leichenrede des Antonius; und schließlich auch von dem entschlossenen Eingreifen des Dolabella, der als einziger die Übersicht behält und energisch durchgreift, dafür dann aber als erster jener Kette von Gewalttaten zum Opfer fällt, durch die innerhalb von drei Jahren die Mitglieder der Verschwörung beseitigt werden.

„Caesar starb im Alter von 56 Jahren; jedoch sein Schutzgeist, der ihn im Leben geleitete, folgte ihm auch im Tode als Rächer des Mordes und spürte in allen Ländern und auf allen Meeren die Mörder auf, bis keiner mehr übrig war, sondern alle zur Strafe gezogen waren, die auf irgendeine Art mit Hand angelegt oder durch Rat dazu beigetagen haben."[51]

---

49 Dieses Arbeitsblatt – ähnlich angelegt wie die auf dem hinteren Vorsatzblatt abgedruckten Arbeitsblätter zum 1. Abschnitt – kann aus Platzgründen hier nicht mehr wiedergegeben werden.

50 Vgl. Rohrmann, a.O., 268: „Vor allem aber bietet sich die Möglichkeit, für den Unterricht geeignete Programme des Schulfunks mitzuschneiden".

51 Originaltext zum Abschluß der Sendung.

Neben dieser im wesentlichen auf die Vermittlung historischer Fakten zum Lebensende Caesars ausgerichteten Sendung kann im Rahmen der Caesar-Lektüre gut auch eine Produktion aus der Reihe: ‚Diese unsere Welt‘[52] mit dem Titel: „Veni, vidi, vici – Randbemerkungen zur Geschichte populärer Caesarzitate“ von KLAUS BARTELS eingesetzt werden.

In dieser Sendung wird neben dem als Titel verwendeten: *‚veni, vidi, vici‘* auf die Aussprüche: *‚alea iacta est‘* und: *‚Et tu, Brute?‘* eingegangen.
Der Verfasser erläutert einleitend zunächst jeweils die historische Situation bzw. die zeitgeschichtlichen Begleitumstände, in denen die Zitate geprägt worden sind und aus denen heraus sie demnach auch verstanden werden müssen; dabei läßt BARTELS mit Auszügen aus Plutarch, Sueton und Cassius Dio auch antike Autoren zu den Ereignissen zu Wort kommen.
An die historische Hintergrundinformation schließen sich jeweils – gerade auch für den Lateinunterricht – interessante Bemerkungen zur sprachlichen Form der Aussprüche an: So wird z. B. an *‚veni, vidi, vici‘* die Prägnanz der sprachlichen Formulierung herausgearbeitet, die noch durch die Verwendung von Stilmitteln unterstützt wird und durch keine Übersetzung nachgeahmt werden kann.
Schließlich wird auch auf Kuriositäten hingewiesen, die sich im Zusammenhang mit den genannten Zitaten ergeben haben: So etwa auf die Aufschrift *‚veni, vidi, vici‘* auf einer Feuerwehrspritze aus dem vergangenen Jahrhundert oder auch auf die Umgestaltung des Ausspruchs in *‚veni, vidi, fumi‘* auf dem Werbeplakat eines französischen Zigarettenherstellers oder schließlich auch auf die Verwendung des Ausspruchs: *‚Et tu, Brute?‘* in einer ganzseitigen Werbeanzeige einer satirischen englischen Zeitung: Vor einem römisch dekorierten Interieur bietet ein mit einer Toga drapierter Caesar seinem ebenso gekleideten Gegenüber eine Schachtel Konfekt an. Mitten darin steht in einer Sprechblase aus Caesars Mund die Legende: *‚Et tu, Brute?‘*

Insgesamt gesehen also eine Sendung, in der in lockerer und inhaltlich abwechslungsreicher Form Interessantes nicht nur zur Geschichte der besprochenen Caesarzitate geboten wird, sondern darüber hinaus auch ein Einblick in die Rezeptionsgeschichte vermittelt wird, so daß sich ihr Einsatz wohl lohnt,

---

52 In dieser Sendereihe des 1. Programms des Bayerischen Rundfunks (jeweils ausgestrahlt am Sonntag um 9.05 Uhr) werden des öfteren auch Themen aus der Antike behandelt; so etwa: War Epikur ein Epikureer?/Die Hippies der Antike/Vergil.
Die Manuskripte zu den Sendungen können vom Bayerischen Rundfunk angefordert werden.

zumal dies aufgrund des begrenzten zeitlichen Rahmens (25 Min.) in einer Unterrichtsstunde ohne weiteres möglich ist.[53]

5. Einsatz visueller Mittel (Dias)

„Unter den visuellen Medien finden Dias erfahrungsgemäß am ehesten Verwendung im Altsprachlichen Unterricht. Sie sind einzeln und in Reihen einsetzbar und können deshalb gezielt benutzt werden.“[54]
Dabei wird in dem erwähnten Aufsatz speziell für die Caesar-Lektüre hingewiesen[55] auf 6 vom Römisch-Germanischen Zentralmuseum Mainz herausgegebene Dias zum Thema: ‚Trachten und Waffen aus römischer Zeit‘[56] und auf die 12 Dias umfassende Serie zu ‚Kleidung und Stand in der Römerzeit‘, die in den ‚Diareihen Römische Antike‘ des Klett-Verlags erschienen ist.[57] In der gleichen Reihe sind inzwischen weitere Serien produziert worden, die sich aufgrund ihrer Thematik und wegen des verwendeten Bildmaterials gut zum Einsatz im Rahmen der Caesar-Lektüre eignen: Zum einen die aus je 12 Dias bestehenden Reihen über „Bauten“ bzw. „Soldaten am Limes“[58], die nach den methodischen Hinweisen gerade auch „während der Caesar- und Tacituslektüre im Unterricht verwendet werden sollten“[59]; zum andern die 9 Dias umfassende Serie „Antike Belagerungsmaschinen“[60], die auf nach poliorke-

53 Auch der österreichische Rundfunk (Schulfunk des Landes Steiermark) hat im Rahmen der Sendereihe: „Wege zur römischen Literatur“ einen Beitrag zu Caesar (De bello Gallico I 1) ausgestrahlt; diese Sendung konnte allerdings nicht mitgeschnitten werden und wird daher in diesem Zusammenhang nur erwähnt. Die Sendung kann über die SHB-Wien bezogen werden.

54 Bietz, W./Kuntz, F./Scherf, F.: Visuelle Medien im altsprachlichen Unterricht. In: Fachdidaktisches Studium. Alte Sprachen 2, 274.

55 Visuelle Medien, a.O., 275 Anm. 5.

56 Bezugsadresse: 6500 Mainz, Ernst-Ludwig-Platz 2.

57 Klett-Verlag, hrsg. v. Huber, H.

58 Klett-Verlag, hrsg. v. German, A.

59 Soldaten am Limes, method. Hinweise, 24.

60 Klett-Verlag, hrsg. v. Lendle, O.

tischen Texten gefertigten Holzmodellen beruht und nach dem Vorschlag des Herausgebers etwa im Zusammenhang mit der Belagerung von Avaricum (BG VII 17 ff.)[61] eingesetzt werden könnte.

Darüberhinaus wurde speziell für die Lektüre von Caesars Bellum Gallicum vom Institut für Film und Bild in Wissenschaft und Unterricht (FWU) eine Diaserie mit dem Titel: „Bilder zu Caesars Bellum Gallicum"[62] zusammengestellt, die allerdings recht wenig bekannt ist:

Diese Bilderreihe besteht aus 10 Schwarz-Weiß- und 13 Farbdias und enthält neben dem Caesarporträt aus den Vatikanischen Museen „Bilder von Menschen, denen Caesar und sein Heer begegnen".[63] Es folgt eine Reihe von Sachbildern, die sich aufgliedern in Darstellungen von Fundstücken, Denkmälern oder daran anschließende Nachbildungen (Bilder 9–18) und in Schaubilder sowie geographische oder schematische Übersichten (19–23).

Die einzelnen Bilder werden in einem Begleitheft jeweils kurz, aber informativ erläutert, so daß die Anschaffung dieser Diaserie – zumindest für die Lehrerbibliothek – zu einem Gewinn wird.[64]

6. Zusammenfassung:

„Anschaulichkeit und Lebendigkeit" – das sind die Unterrichtsprinzipien, auf die es nach den eingangs zitierten Äußerungen von CLASEN und MAIER gerade im Lateinunterricht auf

61 Antike Belagerungsmaschinen, method. Hinweis, 23.

62 FWU, Bilder zu Caesars Bellum Gallicum, Nr. 2137, München 1974.

63 FWU, Begleitheft zu „Bilder . . .", 2.

64 Ebenfalls (vgl. Anm. 58) nur hingewiesen sei in diesem Zusammenhang auf einen Film mit dem Titel: „Alesia", der vor einiger Zeit vom 2. Programm des österreichischen Fernsehens in der Reihe ‚Meilensteine' der Weltgeschichte ausgestrahlt worden ist: Der Film, der 45 Minuten dauert und aufgrund seiner Thematik sich gut für den Abschluß der Caesarlektüre eignet, zeigt in einer gut gelungenen und auch für die Schüler verständlichen Mischung von Archäologisch-Geschichtlichem aus der Gegend um Alesia und auflockernd-unterhaltenden Szenen aus entsprechenden Filmen den Einfluß der Eroberung Galliens durch Caesar auf die Entwicklung von Sprache, Kultur und Zivilisation in diesem Gebiet und stellt damit eine geradezu ideale Umsetzung des Lernziels „Bewußtsein von der geschichtlichen Bedeutung der Eroberung Galliens durch die Römer" dar.

der Mittelstufe ganz wesentlich ankommt, um dem Fach den Anstrich trockener Paragraphen- und Übersetzungspaukerei zu nehmen.

In beiderlei Hinsicht kann der Einsatz von Medien einen wertvollen Beitrag leisten, sofern er wohl dosiert und überlegt erfolgt: Medien dienen zum einen der Veranschaulichung von Textinhalten bzw. auch der Information über Realien und „führen damit zu einer Vertiefung der vom Text her gewonnenen Vorstellungen“[65]; über diesen didaktischen Aspekt hinaus aber bringen sie Abwechslung in das Unterrichtsgeschehen, das in den Alten Sprachen über weite Strecken ohnehin von schriftlich fixierten Texten beherrscht wird; sie lockern auf und können auf diese Weise einen nicht unerheblichen Motivationsanreiz darstellen.

Deshalb ist es für den engagierten Lehrer, insbesondere aber für den Fachbetreuer wichtig, ja fast notwendig, diesem Gebiet der modernen Unterrichtsmedien und den entsprechenden Veröffentlichungen[66] Aufmerksamkeit zu schenken. Das gilt neben den allmählich aufkommenden Hilfen und Anregungen für den Einsatz des Tageslichtprojektors und den angebotenen Diaserien in besonderer Weise für die Programme von Hörfunk und Fernsehen. Wenn man diese Produktionen über einen längeren Zeitraum hin konsequent verfolgt, entsteht im Laufe der Zeit eine richtige Mediothek, die, sofern sie entsprechend katalogisiert und zugänglich gemacht ist, für jeden Kollegen eine ergiebige Fundgrube darstellt und bei entsprechendem Einsatz mit dazu beiträgt, die Stellung des Fachs an der Schule und im Umfeld der Schule zu festigen.

---

65 Bietz/Kuntz/Scherf, 273.

66 Siehe dazu bes. Steinhilber, J.: Medienhandbuch zum Lateinunterricht. Auxilia 6. – Bamberg 1982.

Gerhard Meißner

Kurzbibliographie zu Caesars Bellum Gallicum
Didaktische Literatur und Fundstellenverzeichnis

Die Fachliteratur zu Caesar ist so umfangreich geworden, daß der einzelne Kollege nur noch schwer einen Überblick behalten kann. Andererseits sind vor allem in Zeitschriftenaufsätzen oft hilfreiche Anregungen und originelle Ideen enthalten, deren Nutzung die nicht nur von den Schülern, sondern auch von manchen Kollegen als problematisch empfundene Caesar-Lektüre erleichtern und darüber hinaus noch besser legitimieren könnte.

Die folgende Bibliographie der fachdidaktischen Aufsätze der letzten zwanzig Jahre soll als Handreichung für die Kollegen verstanden werden. Der Lehrer, der mit seiner Klasse Caesar liest, kann mit einem Blick feststellen, ob und wo zu einem bestimmten Kapitel didaktische Literatur zu finden ist. Die jeweiligen Stichworte im Fundstellenverzeichnis vermitteln einen ungefähren Eindruck vom Schwerpunkt des Aufsatzes. Darüber hinaus findet man fachwissenschaftliche und fachdidaktische Literatur neueren Datums, die eine Orientierung über spezielle bei der Caesarlektüre häufig auftretende Fragen ermöglicht. Unberücksichtigt geblieben ist in der Regel die jedem Lateinlehrer bekannte Standardliteratur zu Caesar. Eine vollständige Übersicht über die gesamte Literatur zu Caesar findet man bei Gesche, H.: Caesar (Wissenschaftliche Buchgesellschaft: Erträge der Forschung, Band 51). – Darmstadt 1976.

1. Fachwissenschaftliche und fachdidaktische Literatur

Adcock, F.: Caesar als Schriftsteller. – Göttingen 1962.

Ahrens, E.: Lateinausbildung im Studienseminar. – Frankfurt/Main 1963.

v. Albrecht, M.: Meister römischer Prosa. – Heidelberg 1971, 75–89.

Barwick, K.: Wann und warum hat Caesar seine Commentarii geschrieben? In: AU I 4 (1952) 23ff.

Bayer, K.: Caesar im Unterricht. In: Die Alten Sprachen im Gymnasium. – München 1968, 67ff.

Bayer, K.: Lernziele der Caesarlektüre. In: AU XV 5 (1972) 5ff.

Bloch, G.: Lernvokabular zu Caesars Bellum Gallicum. In: Beilage zu AU XIX 4 (1975).

Bratvogel, F. W.: Empirisches Textverstehen am Beispiel der Caesarlektüre. In: AU XX 5 (1977) 25ff.

Clasen, A./Dohm, H./Powierski, R.: Neue Wege bei der Caesarlektüre, IPTS, Beiträge für Unterricht und Lehrerbildung, Heft 7. – Kiel 1978.

Fink, G.: Caesarbild und Caesarlektüre. In: AU XXIII 3 (1980) 32ff.

Fränkel, H.: Über philologische Interpretation am Beispiel von Caesars Gallischem Krieg. In: Caesar (hrsg. v. Rasmussen, D.). – Darmstadt 1965, 165ff.

Fuhrmann, M.: Cäsar oder Erasmus. In: Gymn. 81 (1974) 394ff.

Glücklich, H.-J.: Das erste Buch des „Bellum Gallicum" im Schulunterricht. In: AU XV 5 (1972) 44ff.

Glücklich, H.-J.: Rhetorik und Führungsqualität (Feldherrenreden). In: AU XVIII 3 (1975) 33ff.

Glücklich, H.-J.: Darstellung der Caesarlektüre als Beispiel für Begründung, Ziele und Methodik einer längeren Hauptlektüre in S I. In: IPTS-Arbeitspapier zur Unterrichtsfachberatung, Latein 2401/78. – Kronshagen bei Kiel 1977.

Görler, W.: Caesar als Erzähler. In: AU XXIII 3 (1980) 18ff.

Görler, W.: Ein Darstellungsprinzip Caesars – Zur Technik der Peripetie und ihrer Vorbereitung im B. G. In: Hermes 105 (1977) 307ff.

Görler, W.: Die Veränderung des Erzählerstandpunktes in Caesars B. G. In: Poetica 7 (1976) 95ff.

Guthardt, A.: Literatur- und Fundstellenverzeichnis zu Caesars B. G. In: Caesar, Bellum Gallicum. – Münster (Aschendorff), 239–254.

Haffter, H./Römisch, E.: Interpretationen zu Caesar. Didaktische Überlegungen, Didaktische Reihe 4. – Heidelberg 1971.

Hartmann, E.: Archäologische und kunsthistorische Aspekte in der Caesarlektüre. In: AU VIII 4 (1965) 81ff.

Hoffmann, W.: Zur Vorgeschichte von Caesars Eingreifen in Gallien. In: AU I 4 (1952) 5ff.

Hornig, G.: Commentarii Belli Gallici, Erläuterungen zu Buch I–IV, Teil A: Schülerkommentar. Buch V–VIII, Teil A: Schülerkommentar Frankfurt/Berlin/Bonn/München 1964, bzw. 1969. Buch I–IV, Teil B: Lehrerkommentar. Buch V–VIII, Teil B: Lehrerkommentar Frankfurt/Berlin/München 1965, bzw. 1973.

Huber, W.: Lektüreprojekt Caesar, Projektliste. In: Handreichungen für den LU als spätbeginnende Fremdsprache. Staatsinstitut für Schulpädagogik. – München 1981, 41ff.

JÄKEL, W.: Zur inneren Form lateinischer Prosasätze. In: AU I 3 (1952) 70ff.
KLINGNER, F.: Caesar. In: Römische Geisteswelt. – Stuttgart 1979.
KLINZ, A.: Schlagwort und Propaganda. In: AU XVII 1 (1974) 85ff.
KLINZ, A.: Die Caesarlektüre. In: Ahrens (Hrsg.): Lateinausbildung im Studienseminar. – Frankfurt/Bonn/Berlin 1966.
KNOCHE, U.: Caesars Commentarii, ihr Gegenstand und ihre Absicht. In: Gymn. 58 (1951) 135ff. und in: Caesar (hrsg. v. RASMUSSEN). – Darmstadt 1965, 224ff.
KOSTER, S.: Certamen centurionum. In: Gymn. 85 (1978) 160ff.
KREFELD, H.: Interpretationen lateinischer Schulautoren. – Frankfurt 1968, 20ff.
KRÜGER, M.: Caesars Bellum Gallicum als Meisterstück der Propaganda. In: RADKE-BORK, Beiträge zur Altertumskunde. – Berlin 1949.
KRÜGER, M.: Die Caesarlektüre in der heutigen Schule. In: AU I 4 (1952), 65ff.
KÜPPERS, E.: Caesar als Alternative zu Caesar (Bell. civ.) In: AU XXV 4 (1982) 53ff.
LATACZ, J.: Caesars Erzählstrategie. In: AU XXI 3 (1978) 70ff.
LEGGEWIE, O.: Clementia Caesaris. In: Gymn. 65 (1958) 17ff.
MAIER, F.: Politik – ein Absolutum? Ein Vorschlag zur Caesarlektüre. In: Anr. 12 (1966) 386ff. Erweiterte Fassung in: Lateinunterricht zwischen Tradition und Fortschritt, Bd. 2. – Bamberg 1983.
MAIER, F.: Auch Caesar ein Schriftsteller der Anfangslektüre. In: Erbe, das nicht veraltet (hrsg. v. NEUKAM, P.). Dialog Schule–Wissenschaft, Klass. Sprachen u. Literaturen XI. – München 1979, 142ff.
MAIER, F.: Caesar redivivus. Politische Bildung am Zentralautor der Mittelstufe. In: Information aus der Vergangenheit (hrsg. von NEUKAM, P.). Dialog Schule–Wissenschaft, Klass. Sprachen und Literaturen XVI. – München 1982, 168ff. Erweiterte Fassung in: Lateinunterricht zwischen Tradition und Fortschritt, Bd. 2.
MAYER, J. A. (Hrsg.): Caesar (Paralleltexte). In: Pontes, Lektüre nach übergeordneten Themen. – Stuttgart 1968, 54ff., und Lehrerheft 35ff.
MENSCHING, E.: Caesar und die Germanen im 20. Jahrhundert. – Göttingen 1980.
MEßNER, E.: Caesar und Bavarix im Lateinunterricht der 9. Jahrgangsstufe. In: Anr. 28 (1982) 188f.
MUNDING, H.: Politische Bildung und Caesarlektüre. In: AU XV 5 (1972) 26ff.
MUNDING, H.: „Existentieller Transfer" bei lateinischen Historikern. In: MAIER, F.: (Hrsg.): Antike Texte – moderne Interpretation, Beiheft zur ‚Anregung', o. J., 7ff.
MUNDING, H.: Caesarlektüre aus der Sicht des kleinen Mannes. In: AU XV 5 (1972) 87ff.

Mutschler, F.-H.: Erzählstil und Propaganda in Caesars Kommentarien. Heidelberger Forschungen 15, 1975.

Oppermann, H.: Forschungen zur Glaubwürdigkeit Caesars. In: Gymn. 68 (1961) 258ff.

Oppermann, H.: Caesar. Wegbereiter Europas. – Göttingen 1958. – Hamburg 1963.

Ott, A./Wolf, H.: Ein neuer Weg zur Caesarlektüre in der 10. Klasse des Gymnasiums (Lektüremodell). In: AU XXIV 3 (1981) 53ff.

Priesemann, G.: Caesars Stil. In: AU IV 5 (1961) 85ff.

Rasmussen, D. (Hrsg.): Caesar. Wege der Forschung, Bd. XLIII, WBG. – Darmstadt 1980[3].

Rasmussen, D.: Caesars Commentarii. Stil und Stilwandel am Beispiel der direkten Rede, Göttingen 1963 und in: Caesar (hrsg. v. Rasmussen), 339ff.

Richter, W.: Caesar als Darsteller seiner Taten. – Heidelberg 1977.

Schümann, B. F.: Caesars Wortschatz. Vollständiges Lexikon zu den Schriften. Hamburg 1976.

Seel, O.: Caesarstudien, Beiheft 1 zu AU, Reihe 10, 1967.

Storch, H.: Caesar als Politiker der ausgehenden Republik – Thematische Lektüre. In: Ulshöfer, R.: Kooperativer Unterricht II 4. – Stuttgart 1972.

Szidat, J.: Caesars diplomatische Tätigkeit im gallischen Krieg. In: Historia, Einzelschrift 14. – Wiesbaden 1970.

Thienel, H.: Lernziele des Lateinunterrichts, IPTS-Schriften 1. – Kiel 1972.

Tschiedel, H.-J.: Zu Caesars literarischer Aktualität. In: Widerspiegelungen der Antike (hrsg. v. Neukam, P.). Dialog Schule–Wissenschaft, Klassische Sprachen und Literaturen, XIV. – München 1981, 78ff.

Tschirky, I.: Spannende Caesarlektüre. In: AU V 5 (1962) 94ff.

Vogt, J.: Caesar und seine Soldaten. In: AU II 2 (1956) 53ff.

Vretska, H.: Beobachtungen zu Caesars Bellum Gallicum I. In: Festschrift Karl Vretska zum 70. Geburtstag. – Heidelberg 1970, 290ff.

Walser, G.: Caesar und die Germanen. In: Historia, Einzelschrift 1. – Wiesbaden 1956.

Wilsing, G.: Die Praxis des Lateinunterrichts II. – Stuttgart 1964.

2. Literatur für die Hand von Lehrer und Schüler

Duval, P.-M.: Gallien, Leben und Kultur in römischer Zeit. – Stuttgart (Reclam) 1979.

Grant, M.: Caesar, Genie, Diktator, Gentleman. – Hamburg 1970.

Meier, Ch.: Caesar. – Berlin 1982.

Oppermann, H.: Caesar, Rowohlt Bildmonographie, Bd. 135. – Hamburg 1968.

Ternes, Ch.-M.: Die Römer an Rhein und Mosel. – Stuttgart (Reclam) 1975.

3. Realien

BOGSCH, W.: Das römische Straßenwesen. In: AU IV 4 (1961) 82ff.

GERMAN, A.: Inschriften an Römerstraßen in Germanien. In: AU XX 3 (1977) 68ff.

HARTMANN, E.: Archäologische und kunsthistorische Aspekte bei der Caesarlektüre. In: AU VIII 4 (1965) 81ff.

KNOKE, F.: Drei Caesarporträts. Modellinterpretation. In: AHRENS, E. (Hrsg.): Die Lateinausbildung im Studienseminar. – Frankfurt 1966, 275ff.

KNOKE, F.: Die Romanisierung der Rheinlande im Spiegel der Bildkunst. In: AU XII 1 (1969) 94ff.

KNOKE, F.: Formen römischer Architektur an Rhein und Mosel. In: AU XII 1 (1969) 48ff.

LABISCH, A.: Frumentum commeatusque. Die Nahrungsmittelversorgung der Heere Caesars, Beiträge zur Klassischen Philologie 69. – Meisenheim 1975.

LENDLE, O.: Antike Kriegsmaschinen. In: Gymn. 88 (1981) 330ff.

VOLLENWEIDER, M.-L.: Gemmenbildnisse Caesars (mit Abb.). In: Gymn. 71 (1964) 505ff.

4. Medien

MÜLLER, W.: Realienkunde zu Caesar: Caesars Helvetierkrieg, Overhead-Transparentserie zu B. G. I 1–30. Bundesstaatliche Hauptstelle für Lichtbild und Bildungsfilm, Plunkergasse 3–5, A 1152 Wien, Reg.nummer: 50.025 (jetzt auch Klett-Verlag. – Stuttgart 1982, Bestellnummer 6165).

ELL, R.: Caesar – das Spiel der Feinde (Hörspiel nach historischen Fakten). Intercord 115.051 (Schallplatte), 415.051 (Kassette).

ELL, R.: Caesar, B. G. II 19–28, 17 cm-Pl. Polyglotte L 0389.

ELL, R.: Bilder zu Caesars Bellum Gallicum: 10 sw-Dias; 13 farb. Dias. Institut für Film u. Bild (FWU 102137) Bavariaplatz 3, 8022 Grünwald.

ELL, R.: Römer auf deutschem Boden (je 15 Dias)

Architektur	861
Heereswesen	862
Limes	863
Bürgerl. Leben	864
Kunst	865
Religion	866

Fa. Höpfel, Bernburger Str. 30, 1000 Berlin 61.

LENDLE, O.: Antike Belagerungsmaschinen, Klett-Verlag. – Stuttgart, Bestellnummer 993199.

5. Fundstellenverzeichnis zu interpretierten Textstellen*

Buch I

1	Stilinterpretation	Wilsing, Praxis d. LU II, 61 ff.
1	Stil- und Sachinterpretation	Didakt. Reihe 17
1	Vergleich Caesar – Tacitus	Hermes, AU IV 5 (1961) 117 f.
1	Sachinterpretation	Glücklich, AU XV 5 (1972) 49 f.
1–6	Auswanderungsplan der Helvetier	Jäkel, AU I 4 (1952) 40 ff.
2	Darstellungsweise Caesars	Fränkel, WdF 176 f.
2	Satzgliedpositionen	Zielinski, AU XVII, 4 (1974) 57 ff.
2–4	Orgetorixdrama	Wilsing, Praxis d. LU II, 63 ff.
2–6	Realien	Tschirky, AU V 5 (1962) 96 ff.
2–6	Sachinterpretationen	Didakt. Reihe 19
2–6	Sachinterpretationen	Glücklich, AU XV 5 (1972) 50 ff.
7	Testvorschlag	Glücklich, AU XVII 3 (1974) 38 ff.
7–8	Erbfeindtheorie	Glücklich, AU XV 5 (1972) 53 ff.
8	Realien	Tschirky, AU V 5 (1962) 98 ff.
8	Modellinterpretation	Biermann, AU XIV 4 (1971) 41 ff.
8	Darstellungsformen bei Caesar	Steinmetz, Gymn. 79 (1972) 19 ff.
9–10	Interpretation	Glücklich, AU XV 5 (1972) 55 ff.
11	Klientelwesen	Glücklich, AU XV 5 (1972) 56 ff.
11	Interpretation	Didakt. Reihe 22 ff.
12–15	Interpretation	Glücklich, AU XV 5 (1972) 57 ff.
14	Linguistische Strukturanalyse	Glücklich, AU XV 5 (1972) 60 ff.
16–20	Interpretation	Didakt. Reihe 25 ff.
16–20	Typologie der Gegner	Glücklich, AU X 5 (1972) 64 ff.

---

* Nicht enthalten sind in dieser Auflistung die Textstellen, die in diesem Buch interpretiert oder didaktisch aufbereitet werden.

16–20	Caesar, Dumnorix, Diviciacus	SCHÖNBERGER, Anr. 17 (1971) 378ff.
21–22	Interpretation	MENSCHING, Lat. u. Griech. in Berlin XXV (1981) 35ff.
22	Realien	TSCHIRKY, AU V 5 (1962) 104f.
22	Spannungskurve	RÖTTGER, AU III 5 (1959) 28f.
27–28	Interpretation	Didakt. Reihe 27ff.
27–29	Interpretation	GLÜCKLICH, AU XV 5 (1972) 68ff.
1–29	Lektüre aus d. Sicht d. kleinen Mannes	MUNDING, AU XV 5 (1972) 87ff.
1–29	Erzählstrategien	LATACZ, AU XXI 3 (1978) 70ff.
1–29	Leitfragen zu Grammatik und Interpretation	BIERMANN, Lehrbuch d. Lat. Sprache, Schwann, Düsseldorf, Lehrerhandbuch
1–30	Literatur im Dienst der Politik-Lernzielkatalog	IPTS-Arbeitspapier 2401/78
30–33	Reden – Ariovist	KREFELD, Interpretationen 29ff.
30–50	Caesar und Ariovist	DILLER, WdF 191ff.
31–33	Interpretationen	GLÜCKLICH, AU XV 5 (1972) 70ff.
31–53	Interpretation	Didakt. Reihe 29ff.
31–54	Politik – ein Absolutum?	MAIER, Anr. 12 (1966) 386ff.
	Rezeption im 20. Jahrhundert	MAIER, Dialog Schule und Wissenschaft XVI 195ff.
31–50	Caesar und die Germanen	WALSER, Historia 1, 21ff.
31–50	Sprach- und Stilanalyse	MUNDING, AU XV 5 (1972) 33ff.
33	Existentieller Transfer	MUNDING, Anr. 20 (1974) 292ff.
34–36	Interpretation	GLÜCKLICH, AU XV 5 (1972) 74ff.
35	Sprach- und Stilinterpret.	DOBLHOFER, AU X 5 (1967) 35ff.
36	Sprach- und Stilinterpret.	DOBLHOFER, AU X 5 (1967) 39ff.
37–41	Interpretation	GLÜCKLICH, AU XV 5 (1972) 76ff.
38	Marsch nach Vesontio	SCHEDA, AU XIV 1 (1971) 70ff.

	Rationalisierung der sprachlichen Mittel	Maier, Dialog Schule–Wissenschaft XVI 186ff.
39	Dramatisierung der Szene	Käss. In: Darstellendes Spiel im Altsprachl. Unterricht (P. Amtmann). – München (Manz) 1966, 118ff.
40	Didaktische Analyse	Reiter/Maier, Anr. 17 (1971) 118f.
40	Caesars Führungsstil	Krefeld, Interpretationen 34
40	Redeanalyse (Vergleich mit B. C. II 30)	Glücklich, AU XVIII 3 (1975) 35ff.
42–47	Interpretationen	Glücklich, AU XV 5 (1972) 78ff.
43	Sprache und Stil	Doblhofer, AU X 5 (1967) 43ff.
43/45	Imperialismus-Thema	Klinz, AU XVII 1 (1974) 85f.
44	Sprache und Stil	Doblhofer, AU X 5 (1967) 48ff.
48–54	Interpretation	Glücklich, AU XV 5 (1972) 82ff.

Buch II

8	eine ‚langweilige' Textstelle	Didaktische Reihe 68ff.
14	Stundenentwurf	Ahrens, Studienseminar 161f.
15–18	empirisches Verstehen	Bratvogel, AU XX 5 (1977) 35ff.
15–21	Nervierschlacht (Geographisches)	Kohns, Gymn. 76 (1969) 1ff.
15–27	Interpretation	Görler, AU XXIII 3 (1980) 22f.
15–28	Modellinterpretation	Ahrens, Studienseminar 79
17	Periodenbau	Jäkel, Methodik 95f.
17–21	Temporafunktionen	Hornig LK 92ff.
18	Sprache u. Wirklichkeit	Kummer, AU III 1 (1957) 8f.
18	Schlachtplan	Hornig, SK 63.
18	Methoden grammatischer Beschreibung	Heilmann/Höhn, Gymn. 84 (1977) 218ff.; 287ff.
18–28	Interpretationen	Krefeld, Interpretationen 34ff.
25	Satzanalyse	Kummer, AU III 1 (1957) 16f.
25	Methodische Vorschläge	Hornig, LK 95f.
25	Satzbildmuster	Hornig, SK 61.

25	Tafelbildschema	BRATVOGEL, AU XX 5 (1977) 35ff.
25	Periodenbau	JÄKEL, AU I 3 (1951) 88.
Buch III		
1	Berge, Flüsse, Straßen	Didaktische Reihe 87ff.
8	Wortstellung	HORNIG, LK 106
16	Linguistische Beschreibung	BARIÉ: AU XVIII 2 (1975) 39f.
28	Stilistische Interpretation	FRÄNKEL, WdF 170ff.
Buch IV		
1–4	Sachinterpretation	WALSER, Historia 1, 38ff.
17	Rheinbrücke, Modell	HORNIG, SK 64
19	Linguistische Beschreibung	BARIÉ; AU XVIII 2 (1976) 40f.
19	Verstehendes Lesen	RÖTTGER, AU X 4 (1967) 38ff.
20	Vergleich Caesar – Tacitus	LAUSBERG, Gymn. 87 (1980) 411ff., bes. 414
20–25	Griff nach Britannien	CLASEN, IPTS 7, 8ff.
20–38	Interpretationen	HUBER, Handreichungen 44f.
24	Wortstellung, Satzbau	HORNIG LK 136f.
24	Strukturanalyse	MAIER, Lateinunterricht zwischen Tradition und Fortschritt, Bd. 1, 215
24	Dekodierungstechnik (Leitfragen)	EISEN, AU XXII 6 (1979) 14ff.
24–26	Interpretation	MAIER, Dialog Schule–Wissenschaft XVI, 174ff.
29	Graphisches Satzmodell	PRIESEMANN, AU IV 5 (1961) 64
32	Strukturanalyse	HORNIG LK 141ff.
Buch V		
1	Graphisches Satzmodell	PRIESEMANN, AU IV 5 (1961) 64
1–8	Lernzielanalyse	BAYER, XV 5 (1972) 5ff.
8	Satzanalyse	HORNIG SK 203
8	Realien	HORNIG LK 17ff.
15	‚Mobile Dichotomie' (Sprachanalyse)	HORNIG LK 28f.
22	Satzbauweise Caesars	HORNIG LK 34
24	Karte	HORNIG LK 35
24–37	Ambiorix	SEEL, WdF 279ff.

24–37	Ambiorix	AHRENS, Studienseminar 80
27	Ambiorix-Rede	DOBLHOFER, AU X 5 (1967) 52ff.
27–52	Darstellungsprinzip	IAU 2/1982, 13ff.
30	Interpretation des ‚ut‘	SCHÖNFELD, AU I 4 (1952) 60f.
37	Interpretation	DOBLHOFER, AU XVI 3 (1973) 44ff.
37	Interpretation	HORNIG LK 50f.
44	Interpretation	BURANDT, AU X 5 (1967) 58ff.
44	Certamen centurionum	KÖSTER, Gymn. 85 (1978) 160ff.

Buch VI

1	Interpretation	Didaktische Reihe 81f.
11	Sprache des Exkurses	HORNIG LK 82ff.
11–24	Unterrichtseinheit	THIENEL, IPTS-Schriften 1
11–28	Interpretationen	HUBER, Handreichungen 43ff.
12	Vergleich mit B. G. I 31	HORNIG LK 87ff.
13	Lat. Rechenschaftsablage	Anr. 10 (1964) 111
13–14	Darstellungsweise Caesars	HORNIG LK 91f.
13–24	Gallier – Germanen	WALSER, Historia 1, 64ff.
14	Realien: Druiden	HORNIG LK 92ff.
17	Realien: Keltische Götter	HORNIG LK 99ff.
29–44	Ambiorix-Unterrichtseinheit	AHRENS, Studienseminar 81ff.
30	Fortunabegriff	KLINZ, Anr. 11 (1965) 378ff.
30	Fortunabegriff	HORNIG LK 129ff.
34	graphisches Satzbild	HORNIG LK 134
36	Analyse der Sprachebene	Didaktische Reihe 79ff.
36	Interpretation	WILSING, Prax. d. LU I, 150

Buch VII

4	Interpretation	AHRENS, Studienseminar 156ff.
4–8	Interpretation	Didaktische Reihe 74ff.
15	Avaricum: Karte	HORNIG LK 164
22	Cuniculi aperti	HEUBNER, Gymn. 66 (1959) 505ff.
22–23	Realien: murus Gallicus	HORNIG LK 171ff.
27	Stilanalyse	v. ALBRECHT, Meister 80f.
33	graphische Satzanalyse	HORNIG SK 208

50	Dekodierungsvorgang	Röttger, AU XX 1 (1977) 67 ff.
62	Temporafunktion	Hornig LK 221 f.
70	Zeichentrickfilm	Dohm/Powierski, IPTS 7, 48 ff.
77	Imperialismus	Klinz, AU XVII 1 (1974) 87 ff.
77	Mißgunst Roms	Fauth, Anr. 13 (1967) 304 ff.
77	Critognatusrede	Schiefer, Gymn. 79 (1972) 477 ff.
77	Barbarendarstellung	Städele, Anr. 27 (1981) 254 ff.
77–78	Interpretationslinien	Hornig LK 245 ff.
78	Caesarbild	Didaktische Reihe 84 ff.
89	Realien: Vercingetorix	Hornig LK 262 ff. + Tafeln III/IV
89	Paralleltexte Vercingetorix	Pontes (hrsg. v. Mayer), 1970, 49 ff. und Lehrerheft 30 ff.

Abkürzungen:

Anr.	Anregung. – München (Bayer. Schulbuch-Verlag).
AU	Der altsprachliche Unterricht. – Stuttgart (Klett-Verlag).
Didaktische Reihe	Haffter, H./Römisch, E.: Caesars Commentarii, Interpretationen – didaktische Überlegungen. – Freiburg/Würzburg 1971 (Ploetz-Verlag).
Gymn.	Gymnasium. Zeitschrift für Kultur der Antike und humanistische Bildung. – Heidelberg (Winter-Verlag).
IAU	Informationen zum altsprachlichen Unterricht. – Graz (hrsg. von der Arbeitsgemeinschaft klassischer Philologen beim Landesschulrat für Steiermark).
IPTS	Schriften des Landesinstituts für Praxis und Theorie der Schule. – Schleswig-Holstein, Kiel.
WdF	Caesar (hrsg. Rasmussen), WBG. – Darmstadt 1980.
Hornig	Commentarii Belli Gallici. – Frankfurt/Berlin/München (Diesterweg-Verlag). LK = Lehrerkommentar, SK = Schülerkommentar.

Inhalt

Venus

Aeneas

CAIUS

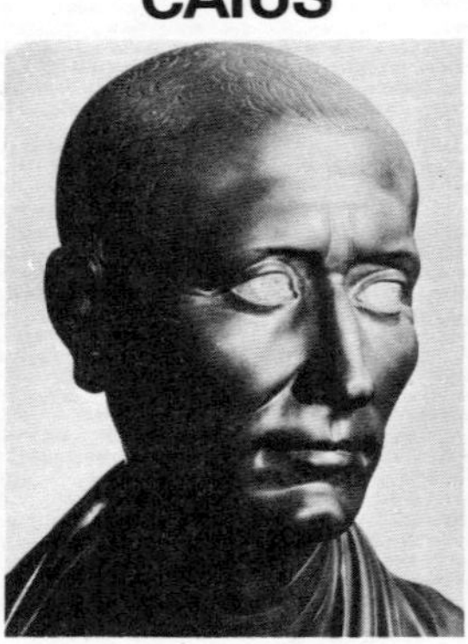

Iulus Ascanius

IULIUS

CAESAR

Verwandschaft - - -> Verfolgung

Bürgerkrieg

zwischen

C. Marius

Popularen

L. Corn. Sulla

Optimaten

81 Flucht aus Rom — Militärdienst

78 Rückkehr „corona civica"

Prozeßredner

74 Bildungsreise (Seeräuberanekdote)